BRIAN GAGG

WORTSUCHRÄTSEL 2 in 1 SAMMELBAND

SCHWESTER und BRUDER

Bibliografische Information der Deutschen Nationalbibliothek:
Die Deutsche Nationalbibliothek verzeichnet diese Publikation in der Deutschen Nationalbibliografie; detaillierte bibliografische
Daten sind im Internet über http://dnb.dnb.de abrufbar.

Herstellung und Verlag: BoD – Books on Demand, Norderstedt
ISBN: 9783755701521

Inhaltsangabe   Seite

Einleitung

Auf den folgenden Seiten finden sich thematisch sortierte Wortsuchrätsel.

Um ein Wortsuchrätsel zu lösen, müssen alle jeweils aufgelisteten Worte in der darüber befindlichen Buchstabenmatrix gefunden werden. Ist ein Wort gefunden, sollte es mit einem Stift umkreist und das gefundene Wort aus der Liste gestrichen werden. Sind alle Worte aus der Liste gefunden, ist das Rätsel gelöst. Bei Schwierigkeiten ein Rätsel zu lösen, kann die Lösung jeweils auf der Rückseite nachgeschaut werden. Die zu findenden Worte sind jeweils als ganzes (d.h. immer nur in einer Richtung und ungebrochen) in der Matrix nach folgenden Regeln versteckt:

- Suchworte können sich überlagern, d.h. ein Buchstabenkästchen kann von mehreren Suchworten genutzt sein.

- Worte können vorwärts, rückwärts, horizontal, vertikal oder diagonal in der Matrix versteckt sein.

- Suchworte stehen für sich alleine und sind unter- oder nebeneinander aufgelistet.

Z F W E A M Y T V S G K P L Q A W C S
C L O G K H A L T E N M I X Q L P O J
J E K Q G A L L E S K O E N N E R I N
K W I Z U E I N A N D E R W R Z X H B
B D O I C H Y J Y P J R P D Q I G P I
Z E O E C Y D P G E Z E W N H B D A W
V D Z W K M N I I P G G S E N B M U Q
Q Q B I J F H B C Q N E O N H N P I W
G E B F E L O Z E H E M O R J L D C B
I L Z C N H G I E U M E M O H Y M R R
M O U J Z E U D L M M I U P G Z X L I
T Z S G Z N K N H B A N O S A B P R J
D J T C I Q M R G B S S N N M E T A X
V V F B I I I G A B U C W A Y L A T A
R R A T G E B E R T Z H N V X F D V G
E C Z Q K L L O T R S A P C R B Q R K
U H F P R X W W X A I F X X Q S L V E
F Z Y M V C G N N U T Z L U I H V F
X N D S V Y R H N N L S Z F N U C N U
X J K D Q E H L K O C O E H E C I X C
N P Y G I C N T S G Y H K N C L L A L
R N X E U D L W E O S A R A D F R W M
X V F J T Y D C J B U K H B C V H D P
V M D M O T W W P D A N K X W F E B Z

Lösung

Z	F	W	E	A	M	Y	T	V	S	G	K	P	L	Q	A	W	C	S
C	L	O	G	K	H	A	L	T	E	N	M	I	X	Q	L	P	O	J
J	E	K	Q	G	A	L	L	E	S	K	O	E	N	N	E	R	I	N
K	W	I	Z	U	E	I	N	A	N	D	E	R	W	R	Z	X	H	B
B	D	O	I	C	H	Y	J	Y	P	J	R	P	D	Q	I	G	P	I
Z	E	O	E	C	Y	D	P	G	E	Z	E	W	N	H	B	D	A	W
V	D	Z	W	K	M	N	I	I	P	G	G	S	E	N	B	M	U	Q
Q	Q	B	I	J	F	H	B	C	Q	N	E	O	N	T	H	N	P	W
G	E	B	F	E	L	O	Z	E	H	E	M	O	R	J	L	D	C	B
I	L	Z	C	N	H	G	I	E	U	M	E	M	O	H	Y	M	R	R
M	O	U	J	Z	E	U	D	L	M	M	I	U	P	G	Z	X	L	I
T	Z	S	G	Z	N	K	N	H	B	A	N	O	S	A	B	P	R	J
D	J	T	C	I	Q	M	R	G	B	S	N	N	M	E	T	A	X	X
V	V	F	B	I	I	I	G	A	B	U	C	W	A	Y	L	A	T	A
R	R	A	T	G	E	B	E	R	T	Z	H	N	V	X	F	D	V	G
E	C	Z	Q	K	L	L	O	T	R	S	A	P	C	A	R	B	Q	K
U	H	F	F	P	R	X	W	W	X	A	I	F	X	X	Q	S	L	V
F	Z	Y	M	V	C	G	N	N	N	U	T	Z	L	U	I	H	V	F
X	N	D	S	V	Y	R	H	N	N	L	S	Z	F	N	U	C	N	U
X	J	K	D	Q	E	H	L	K	O	C	O	E	H	E	C	I	X	C
N	P	Y	G	I	C	N	T	S	G	Y	H	K	N	C	L	L	A	L
R	N	X	E	U	D	L	W	E	O	S	A	R	A	D	F	R	W	M
X	V	F	J	T	Y	D	C	J	B	U	K	H	B	C	V	H	D	P
V	M	D	M	O	T	W	W	P	D	A	N	K	X	W	F	E	B	Z

G	X	I	Y	Y	T	U	L	D	D	N	I	M	B	V	I	O	O	V
T	L	A	S	S	E	N	Z	T	Q	E	U	H	F	Y	P	X	D	V
C	Y	E	S	F	L	Y	S	Q	H	D	P	V	R	Q	C	G	A	U
M	P	Q	G	E	I	N	A	N	D	E	R	U	W	G	E	M	E	N
L	H	N	M	Y	D	R	S	K	O	R	C	N	W	N	S	Q	J	Y
G	R	K	Z	D	Q	Q	B	X	W	S	T	H	C	A	M	E	G	L
X	W	M	P	U	S	G	V	V	I	U	G	B	Z	O	N	Y	I	E
E	I	T	L	H	B	K	T	E	N	A	N	W	X	Y	E	N	L	H
R	B	U	X	G	R	Z	C	L	S	M	O	V	A	N	H	M	T	B
P	B	P	P	R	G	M	X	R	P	Y	T	G	E	F	E	R	R	H
S	C	X	R	V	N	Z	Z	C	I	I	M	D	A	I	O	B	I	L
C	I	T	Q	T	C	P	E	L	R	P	I	L	Q	S	G	D	E	A
K	R	F	D	I	G	M	X	U	A	Y	I	J	T	H	E	N	S	G
N	P	X	P	U	E	T	K	H	T	Q	F	J	D	C	M	E	W	A
J	C	S	C	G	H	U	A	S	I	G	R	D	U	U	E	U	L	I
X	B	N	N	H	R	U	U	S	O	T	L	M	Q	R	I	A	J	K
A	O	X	I	U	L	V	N	D	N	H	C	G	M	P	N	B	E	J
A	M	I	R	U	I	M	D	D	Q	W	G	U	Y	S	T	F	H	V
I	L	K	E	G	C	G	N	B	G	L	N	T	K	U	E	U	K	H
B	B	E	F	G	H	D	R	A	B	K	N	A	D	Z	S	A	S	P
Z	E	N	L	J	K	H	E	R	Z	L	I	C	H	P	D	S	Y	M
G	N	C	E	R	E	T	S	L	W	R	N	M	P	Y	O	E	Y	K
U	J	T	H	R	I	S	K	T	Q	V	X	I	M	Q	Q	E	G	B
T	D	Q	Z	H	T	L	D	F	C	D	T	U	Z	C	T	U	J	Q

EHRLICHKEIT

AUSREDEN LASSEN

EINANDER AUFBAUEN

TROST UND ZUSPRUCH

GUT GEMEINTE TIPPS GEBEN

GUT GEMACHT

INSPIRATION

HELFERIN

HERZLICH

DANKBAR

Lösung

G X I Y Y T U L D D N I M B V I O O V
T L A S S E N Z T Q E U H F Y P X D V
C Y E S F L Y S Q H D P V R Q C G A U
M P Q G E I N A N D E R U W G G E M N
L H N M Y D R S K O R C N W N S Q J Y
G R K Z D Q Q B X W S T H C A M E G L
X W M P U S G V V I U G B Z O N Y I E
E I T L H B K T E N A N W X Y E N L H
R B U X G R Z C L S M O V A N H M T B
P B P P R G M X R P Y T G E F E R R H
S C X R V N Z Z C I I M D A I O B I L
C I T Q T C P E L R P I L Q S G D E A
K R F D I G M X U A Y I J T H E N S G
N P X P U E T K H T Q F J D C M E W A
J C S C G H U A S I G R D U U E U L I
X B N N H R U U S O T L M Q R I A J K
A O X I U L V N D N H C G M P N B E J
A M I R U I M D D Q W G U Y S T F H V
I L K E G C G N B G L N T K U E U K H
B B E F G H D R A B K N A D Z S A S P
Z E N L J K H E R Z L I C H P D S Y M
G N C E R E T S L W R N M P Y O E Y K
U J T H R I S K T Q V X I M Q Q E G B
T D Q Z H T L D F C D T U Z C T U J Q

O D W F S O X J R A W H U P M G P P F
S A O B S J M R F Z Z I W U O H H C I
E C H G T C K U V R L B U G H X F X D
L W B S I C H J C L V H C T N G K H C
K C I L B T H C I L K V A W P W G E G
G T G Z V R S Z O P T C K B G A B R E
S L A W K R H J R T V W P R E P M Z G
E A L H C X F B S B D K K T I N P E E
I H N K P P N E B A H L I E T D H N N
N N X D Z V C X J S T U E T Z E N S S
M E Z U U G M X V R T C G Q U G N A E
J M O V K E A H U E M I Y U P B I N I
R M K E L P R A B D G Y D V E P R G T
I A Y R A W U F U N W P Y I T I E E I
R S O L G H P P E A O K Q Y N H R L G
I U F A E C A R M N Z A I T H K E E C
W Z V S N I Y A O I R Y P H F N O G L
H G W S V G V Y Z E L A S S E N H E S
Y E L E R A O E Z F A U V F K N U N A
S F N N V L U Y U V B Q T E A Z H O
E U C A I D H S L A B F K Q Z F J E W
I E W U E T Q G E B P Y C D Q D F I Q
N H C J L E I D P P U D A R I S D T A
I L Z O P D A R F B S O F R J O V K L

GEGENSEITIG STUETZEN

HERZENSANGELEGENHEIT

BEI DIR DARF ICH ICH SEIN

SEIN LEID KLAGEN DUERFEN

SICH AUFEINANDER VERLASSEN

WIR GEFUEHL HABEN

TEILHABEN LASSEN

ZUSAMMENHALT

ZUHOERERIN

LICHTBLICK

Lösung

```
O D W F S O X J R A W H U P M G P P F
S A O B S J M R F Z Z I W U O H H C I
E C H G T C K U V R L B U G H X F X D
L W B S I C H J C L V H C T N G K H C
K C I L B T H C I L K V A W P W G E G
G T G Z V R S Z O P T C K B G A B R E
S L A W K R H J R T V W P R E P M Z G
E A L H C X F B S B D K K T I N P E N
I H N K P P N E B A H L I E T D H N S
N N X D Z V C X J S T U E T Z E N S E
M E Z U U G M X V R T C G Q U G N A E
J M O V K E A H U E M I Y U P B I N I
R M K E L P R A B D G Y D V E P R G T
I A Y R A W U F U N W P Y I T I E I G
R S O L G H P P E A O K Q Y N H R L C
I U F A E C A R M N Z A I T H K E E C
W Z V S N I Y A O I R Y P H F N O G L
H G W S V G V Y Z E L A S S E N H E S
Y E L R A O E Z F A U V F K N U N A O
S F N N V L U Y U V B Q T E A Z H O W
E U C A I D H S L A B F T K Q Z F J E W
I E W U E T Q G E B P Y C D Q D F I Q
N H C J L E I D P P U D A R I S D T A
I L Z O P D A R F B S O F R J O V K L
```

Z O X O Q M Y E Q L W A L X K Y L C B
S V K K J C J S I L E H X K E K S O N
B I N E X H Z Z I C T E X G W C K H X
I P E I S C L Q K V N G D A V E E U P
U E W N N I G W D O E H T K N N J T A
L U F A C E L G J I M J J N E T I K J
Q F D N N I J W J L O Y E Q Z H V X G
M Q N D Y N X T K I M N B K T N I F T
G K I E F A B V Q G S Q P Q E Y G H D
L K K R A N H K U S K I K M U T B I S
L R S U M D F V N O C J O S T D N C Y
O I K Z I E I C E L E S N V S G J T M
V T C V L R R O Z I U F S D E R R B U
R I E K I T Y O T D L Z T B Y E Z C V
E K U E E O O H E A G H R Z A U T K L
D M L I Q L I K U R R M U L O N B P K
N Y G N P L X N H I W E K V C C P F F
U C X E N I E S C T C R T H O B A V F
W H F X V K P X S A E R I Z B K S T U
V O J G B B L Z E E L S V S Z E A C O
E W N D P I F A B T K I E C A V O L Y
W M P E S T E M V Y D K I N X L N O H
F G D P Q Q J N I E A H K J V Z K O A
O S A U S Q R F W U M O F D L A J D X

4

EINANDER KENNEN
WUNDERVOLL TOLL
KONSTRUKTIVE KRITIK
ICH BIN EIN GLUECKSKIND
EINANDER EINE STUETZE SEIN

GLUECKSMOMENTE
ERKLAERT DINGE
SOLIDARITAET
BESCHUETZEN
FAMILIE

Lösung

```
Z O X O Q M Y E Q L W A L X K Y L C B
S V K K J C J S I L E H X K E K S O N
B I N E X H Z Z I C T E X G W C K H X
I P E I S C L Q K V N G D A V E E U P
U E W N N I G W D O E H T K N N J T A
L U F A C E L G J I M J J N E T I K J
Q F D N N I J W J L O Y E Q Z H V X G
M Q N D Y N X T K I M N B K T N I F T
G K I E F A B V Q G S Q P Q E Y G H D
L K K R A N H K U S K I K M U T B I S
L R S U M D F V N O C J O S T D N C Y
O I K Z I E I C E L S N V S G J T M
V T C V L R R O Z I U F S D E R R B U
R I E K I T Y O T D L Z T B Y E Z C V
E K U E E O H E A G H R Z A U T K L
D M L I Q L I K U R R M U L O N B P K
N Y G N P L X N H I W E K V C C P F F
U C X E N I E S C T C R T H O B A V F
W H F X V K P X S A E R I Z B K S T U
V O J G B B L Z E E L S V S Z E A C O
E W N D P I F A B T K I E C A V O L Y
W M P E S T E M V Y D K I N X L N O H
F G D P Q Q J N I E A H K J V Z K O A
O S A U S Q R F W U M O F D L A J D X
```

H	P	L	S	A	O	N	A	N	A	D	G	S	W	R	S	U	B	I	V	O
A	R	Z	U	O	A	A	T	W	B	M	D	G	V	Y	F	Y	J	W
B	W	N	F	P	S	G	A	Y	C	Y	T	E	R	O	Y	F	E	S
F	Y	U	T	I	T	K	T	Q	H	S	R	C	G	K	G	I	I	V
I	G	V	K	S	B	J	Y	O	T	T	X	T	C	E	N	C	P	B
A	N	P	K	V	T	R	D	I	R	R	E	E	M	E	H	M	C	Z
J	U	T	E	S	T	D	J	A	Z	P	L	E	N	G	O	W	D	G
D	D	B	M	W	H	U	G	I	E	L	I	X	R	Q	J	A	I	V
G	N	Q	A	O	Q	E	S	T	W	N	U	E	O	A	Z	K	C	M
C	I	U	M	T	N	A	V	R	S	Z	N	X	W	M	V	R	F	N
T	F	B	S	K	T	S	H	A	H	Z	R	J	U	J	E	M	I	E
X	P	Y	S	F	F	E	M	H	E	I	V	D	Q	S	D	Y	R	H
Y	M	T	R	O	S	T	R	N	H	T	X	M	P	P	J	P	D	C
R	E	D	N	A	N	I	E	R	E	U	F	E	E	B	C	A	N	A
L	K	M	P	U	W	J	V	K	U	H	K	U	B	Y	S	W	O	L
T	N	L	A	C	H	E	N	Z	L	T	G	W	N	Y	U	N	D	U
E	A	E	Z	W	F	F	H	I	I	C	O	K	X	I	S	Q	E	K
K	D	T	B	P	R	G	K	E	R	A	D	R	S	R	T	O	A	B
O	L	Y	F	E	C	D	R	J	Z	U	S	T	E	G	Q	A	H	V
F	N	J	Y	J	P	E	Z	I	U	E	B	J	Y	M	P	Q	E	V
K	Q	C	R	I	N	N	E	D	N	E	P	S	A	E	M	D	J	T
B	E	S	T	A	E	N	D	I	G	K	E	I	T	D	F	I	M	F
O	U	I	G	M	D	W	M	Y	T	I	E	H	N	I	E	C	W	X
O	U	E	X	G	W	D	H	N	E	I	Y	T	U	Z	D	Q	N	V

5

DANKEMPFINDUNG
GEMEINSAM LACHEN
LACHEN UND WEINEN
GRENZEN RESPEKTIEREN
IMMER FUEREINANDER DA

BESTAENDIGKEIT
SICH VERTRAGEN
TROST SPENDEN
EINHEIT
UNITAET

Lösung

```
H P L S A O N A D G S W R S U B I V O
A R Z U O A A T W B M D G V Y F Y J W
B W N F P S G A Y C Y T E R O Y F E S
F Y U T I T K T Q H S R C G K G I I V
I G V K S B J Y O T T X T C E N C P B
A N P K V T R D I R R E E M E H M C Z
J U T E S T D J A Z P L E N G O W D G
D D B M W H U G I E L I X R Q J A I V
G N Q A O Q E S T W N U E O A Z K C M
C I U M T N A V R S Z N X W M V R F N
T F B S K T S H A H Z R J U J E M I E
X P Y S F F E M H E I V D Q S D Y R H
Y M T R O S T R N H T X M P P J P D C
R E D N A N I E R E U F E E B C A N A
L K M P U W J V K U H K U B Y S W O L
T N L A C H E N Z L T G W N Y U N D U
E A E Z W F F H I I C O K X I S Q E K
K D T B P R G K E R A D R S R T O A B
O L Y F E C D R J Z U S T E G Q A H V
F N J Y J P E Z I U E B J Y M P Q E V
K Q C R I N N E D N E P S A E M D J T
B E S T A E N D I G K E I T D F I M F
O U I G M D W M Y T I E H N I E C W X
O U E X G W D H N E I Y T U Z D Q N V
```

D	Q	K	H	Q	V	O	R	B	I	L	D	E	C	V	Z	D	K	R
I	L	S	C	Q	R	K	N	V	X	L	O	Y	I	K	L	O	L	N
T	M	M	I	N	V	U	B	Q	K	R	J	Y	W	N	F	G	D	C
T	X	Y	S	U	H	P	E	F	Y	W	Y	M	H	F	B	V	I	L
Q	I	D	A	V	L	F	G	C	P	Q	Q	W	E	I	S	Q	D	Z
N	P	E	T	S	E	C	L	F	K	Z	F	N	F	W	U	V	I	D
E	W	R	H	U	C	R	V	Z	H	S	E	F	N	W	P	Z	Q	N
D	K	P	D	N	N	H	S	J	R	S	I	E	D	M	E	E	P	E
N	J	D	W	F	E	A	W	T	Z	H	U	C	S	S	R	S	C	Z
I	N	M	F	S	E	D	A	E	A	G	G	K	H	G	F	S	H	T
W	O	E	E	N	N	J	N	N	L	E	N	A	P	T	R	I	A	E
R	O	S	G	T	H	S	I	U	F	G	N	S	U	I	A	N	B	U
E	I	S	O	N	A	K	L	S	B	U	E	D	W	S	U	R	E	T
B	T	J	F	B	U	S	T	J	M	R	D	N	N	G	Z	E	N	S
E	U	P	M	R	G	R	Y	R	T	P	E	K	J	I	S	D	D	R
U	N	X	K	I	B	O	E	T	I	U	I	V	F	A	S	N	X	E
Q	E	N	S	D	Q	O	W	N	J	S	M	A	P	B	H	I	X	T
H	M	A	G	O	D	B	I	N	N	F	I	U	L	Q	W	H	I	N
B	H	L	P	G	B	H	P	R	R	I	B	S	Q	T	Y	D	Y	U
M	E	N	N	O	F	G	C	W	W	E	R	F	U	N	H	W	E	M
X	N	F	A	Q	C	I	R	P	U	N	K	E	X	R	J	Y	E	A
W	W	X	N	I	L	G	Y	W	E	G	K	M	F	M	Q	P	P	Y
N	Q	W	K	C	K	A	M	X	W	E	A	B	X	K	Z	R	V	W
L	F	M	R	U	M	A	S	N	I	E	M	E	G	X	Q	R	H	O

6

RUECKSICHT NEHMEN

ENGE VERBUNDENHEIT

EIN OFFENES OHR HABEN

IN ERINNERUNGEN SCHWELGEN

HINDERNISSE GEMEINSAM UEBERWINDEN

NIMMT DIR AENGSTE

UNTERSTUETZEND

VERSTAENDNIS

SUPERFRAU

VORBILD

Lösung

D Q K H Q V O R B I L D E C V Z D K R
I L S C Q R K N V X L O Y I K L O L N
T M M I N V U B Q K R J Y W N F G D C
T X Y S U H P E F Y W M H F B V I L
Q I D A V L F G C P Q Q W E I S Q D Z
N P E T S E C L F K Z N F W U V I D
E W R H U C R V Z H S E F N W P Z Q E
D K P D N N H S J R S I E D M E E P N
N J D W F E A W T Z H U C S S R S C Z
I N M F S E D A E A G G K H G F S H T
W O E E N N J N N L E N A P T R I A E
R O S G T H S I U F G N S U I A B E U
E I S O N A K L S B U E D W S U E N T
B T J F B U S T J M R D N N G Z E N S
E U P M R G R Y R T P E K J I S D D R
U N X K I B O E T I U I V F A S N X E
Q E N S D Q O W N J S M A P B H I X T
H M A G O D B I N N F I U L Q W H I N
B H L P G B H P R R I B S Q T Y D Y U
M E N N O F G C W W E R F U N H W E M
X N F A Q C I R P U N K E X R J Y E A
W W X N I L G Y W E G K M F H M Q P Y
N Q W K C K A M X W E A B X K Z R V W
L F M R U M A S N I E M E G X Q R H O

X	F	E	Y	K	C	X	Y	N	O	F	G	O	X	C	Y	E	Y	L
J	D	S	W	Z	T	M	K	Q	L	J	R	Q	L	C	N	C	T	F
Z	G	Q	J	E	L	K	M	B	F	S	B	J	V	G	C	X	R	V
U	E	I	Z	S	S	K	G	M	H	M	E	X	E	X	N	M	X	S
T	E	I	L	E	N	C	W	U	Q	J	M	S	L	O	L	B	N	O
T	S	Z	B	R	D	E	P	P	B	K	U	J	Z	R	R	G	Z	O
N	U	A	F	Z	I	R	D	A	I	G	K	A	U	M	G	C	D	L
E	G	B	J	B	U	P	D	N	N	J	D	J	M	M	Q	M	F	I
Z	H	E	O	E	X	N	D	G	U	E	B	A	K	A	G	M	N	E
R	Z	P	M	D	L	H	E	R	C	B	R	O	I	A	E	P	U	G
E	X	L	U	E	E	L	Y	I	F	F	T	K	T	V	Y	V	J	S
H	E	B	H	I	I	F	O	N	G	M	T	C	E	A	F	F	P	T
S	A	I	T	Y	M	N	B	V	S	U	O	Z	H	N	X	D	T	A
C	D	Z	D	A	C	C	S	E	R	B	N	D	G	Q	N	V	R	F
E	X	B	Y	Y	A	A	Q	A	G	E	R	G	Q	B	Q	U	T	Y
V	E	T	J	Z	B	A	A	A	M	E	D	M	Z	Q	C	I	N	V
V	E	R	B	U	E	N	D	E	T	E	G	N	S	X	J	V	J	G
Q	J	J	D	U	U	V	B	X	Y	G	J	N	U	G	G	V	W	X
L	Y	H	E	X	E	E	F	W	T	M	J	I	U	W	S	D	V	H
H	B	K	P	L	K	S	R	A	E	T	I	F	N	N	F	H	E	N
G	O	X	R	T	H	M	D	T	P	N	P	R	X	F	G	L	Z	A
I	B	A	N	D	F	O	N	V	F	N	H	O	T	L	I	E	Q	R
X	C	Z	X	N	C	G	E	I	J	S	D	M	X	X	C	J	N	N
I	S	S	Y	J	M	O	T	G	E	M	E	I	N	S	I	N	N	F

7

VERBUENDETE

ANERKENNUNG

GEMEINSAME KINDHEIT

LIEGST MIR AM HERZEN

WUNDERVOLLE BEGEGNUNGEN

GEMEINSINN

ENGES BAND

ZUNEIGUNG

TEILEN

TREU

Lösung

X F E Y K C X Y N O F G O X C Y E Y L
J D S W Z T M K Q L J R Q L C N C T F
Z G Q J E L K M B F S B J V G C X R V
U E I Z S S K G M H M E X E X N M X S
T E I L E N C W U Q J M S L O L B N O
T S Z B R D E P P B K U J Z R R G Z O
N U A F Z I R D A I G K A U M G C D L
E G B J B U P D N N J D J M M Q M F I
Z H E O E X N D G U E B A K A G M N E
R Z P M D L H E R C B R O I A E P U G
E X L U E E L Y I F F T K T V Y V J S
H E B H I I F O N G M T C E A F F P T
S A I T Y M N B V S U O Z H N X D T A
C D Z D A C C S E R B N D G Q N V R F
E X B Y Y A A Q A G E R G Q B Q U T Y
V E T J Z B A A A M E D M Z Q C I N V
V E R B U E N D E T E G N S X J V J G
Q J J D U U V B X Y G J N U G G V W X
L Y H E X E E F W T M J I U W S D V H
H B K P L K S R A E T I F N N F H E N
G O X R T H M D T P N P R X F G L Z A
I B A N D F O N V F N H O T L I E Q R
X C Z X N C G E I J S D M X X C J N N
I S S Y J M O T G E M E I N S I N N F

O N O S A H U N O B S N E M H L N E E
Q I Z L K O I T Y D B Q Q P X P E C J
L M K E J U B M L Q H E U B A W M F G
U J P H J U H K M N X N J U I Q D E V
F G T J M A K P V E E Z F E N D I S S
U R U R L B U K O U R R M N X Q I D R
T P Z T B Q K G G F W D E L G G K E D
G Z E O K C V E J U B C A O F Q K B O
U N J J Q I D C N E Y M N F H N A I Q
A E H B S U C X A R Q E C B G U A N C
V T I M L V S M S D H G D B V L Z E E
A W J D Q P G G O C E T L M H E P U V
S H I U V M E Y E E P N S A R U H N U
Q G W B G U W R G S G U K W U F L G D
U W V V W V P V E Q R E W T A B F Q A
M A N G Q S I D J G W N N U A D T Z V
X N E Y R K M L K E T B P T L N Q B G
C J T E K U S A O T W Q W W K F Z L N
P Y V T D C E M C B N J W G Q I H E C
G J U T F X H W I K S A P B I V U D B
N P U L L Y X P Z P E D I C H R F R I
S A L L A V C P A T F N J I K P A U V
D M P N B P F F H P M U T M A C H E R
L W H O N O R L G M Z A Z S S A P S M

DENKT MIT
FUER IMMER
GLAUBT AN DICH
DIE MACKEN MOEGEN
VERSPRECHEN HALTEN

MUTMACHER
ZUHOEREN
GEDULDIG
BINDUNG
SPASS

Lösung

O	N	O	S	A	H	U	N	O	B	S	N	E	M	H	L	N	E	E
Q	I	Z	L	K	O	I	T	Y	D	B	Q	Q	P	X	P	E	C	J
L	M	K	E	J	U	B	M	L	Q	H	E	U	B	A	W	M	F	G
U	J	P	H	J	U	H	K	M	N	X	N	J	U	I	Q	D	E	V
F	G	T	J	M	A	K	P	V	E	E	Z	F	E	N	D	I	S	S
U	R	U	R	L	B	U	K	O	U	R	R	M	N	X	Q	I	I	R
T	P	Z	T	B	Q	K	G	G	F	W	D	E	L	G	G	K	E	D
G	Z	E	O	K	C	V	E	J	U	B	C	A	O	F	Q	K	B	O
U	N	J	J	Q	I	D	C	N	E	Y	M	N	F	H	N	A	I	Q
A	E	H	B	S	U	C	X	A	R	Q	E	C	B	G	U	A	N	C
V	T	I	M	L	V	S	M	S	D	H	G	D	B	V	L	Z	D	E
A	W	J	D	Q	P	G	G	O	C	E	T	L	M	H	E	P	U	V
S	H	I	U	V	M	E	Y	E	E	P	N	S	A	R	U	H	N	U
Q	G	W	B	G	U	W	R	G	S	G	U	K	W	U	F	L	G	D
U	W	V	V	W	P	V	E	Q	R	E	W	T	A	B	F	Q	A
M	A	N	G	Q	S	I	D	J	G	W	N	N	U	A	D	T	Z	V
X	N	E	Y	R	K	M	L	K	E	T	B	P	T	L	N	Q	B	G
C	J	T	E	K	U	S	A	O	T	W	Q	W	W	K	F	Z	L	N
P	Y	V	T	D	C	E	M	C	B	N	J	W	G	Q	I	H	E	C
G	J	U	T	F	X	H	W	I	K	S	A	P	B	I	V	U	D	B
N	P	U	L	L	Y	X	P	Z	P	E	D	I	C	H	R	F	R	I
S	A	L	L	A	V	C	P	A	T	F	N	J	I	K	P	A	U	V
D	M	P	N	B	P	F	T	F	H	P	M	U	T	M	A	C	H	E	R
L	W	H	O	N	O	R	L	G	M	Z	A	Z	S	S	A	P	S	M

S	M	T	V	B	S	A	B	F	N	X	T	F	C	I	Y	H	K	L
S	G	D	N	F	C	E	P	A	S	L	W	E	I	I	C	X	S	P
G	K	B	K	G	I	N	S	D	H	E	V	V	M	G	C	H	B	O
E	E	X	J	L	Y	A	C	Z	D	I	L	L	D	D	P	D	H	Y
M	F	Y	W	N	O	Z	P	V	F	N	Z	L	G	F	E	L	I	X
E	D	J	O	I	L	P	X	O	G	P	T	V	T	C	U	K	S	V
I	F	R	R	P	F	D	F	U	I	V	H	L	A	M	K	L	C	I
N	O	P	T	S	O	N	N	E	N	S	C	H	E	I	N	D	M	U
S	U	C	S	C	T	M	N	W	R	B	A	B	E	R	P	M	J	S
A	C	D	U	W	H	T	R	H	N	S	R	M	A	H	Z	U	Z	K
M	Z	X	T	X	G	V	O	E	G	M	T	A	X	Z	X	T	P	H
E	O	H	C	I	D	V	M	Y	O	O	N	S	R	S	I	I	E	T
O	D	R	S	V	J	J	A	I	U	M	I	M	F	I	Z	G	G	T
O	N	Z	D	Z	A	E	A	Z	R	E	E	I	I	X	V	F	Z	Q
G	E	L	H	T	W	J	Q	N	O	N	S	E	U	I	A	O	X	V
R	G	I	N	A	H	P	Y	D	X	T	I	M	C	O	X	H	B	N
B	N	W	T	L	R	M	B	Z	D	E	S	E	H	E	K	G	P	O
Z	I	Z	J	P	K	B	R	F	P	V	Z	G	H	M	T	G	A	A
E	R	E	A	R	R	Q	S	Q	H	T	L	A	H	B	L	U	L	K
L	B	I	W	E	N	S	J	O	M	M	B	B	S	U	X	T	J	T
L	R	T	T	K	K	H	C	S	I	T	A	M	S	I	R	A	H	C
O	E	D	I	N	V	E	R	B	U	N	D	E	N	H	E	I	T	X
T	V	V	W	A	J	V	Z	Y	K	Q	N	K	P	G	Y	D	V	Z
I	T	T	Q	R	L	K	L	S	T	S	H	Y	X	V	Q	V	V	Y

9

VERBUNDENHEIT

CHARISMATISCH

ICH HAB DICH LIEB

TOLLE GEMEINSAME MOMENTE

GEMEIMSAM ZEIT VERBRINGEN

SONNENSCHEIN

TUST MIR GUT

ANKERPLATZ

EINTRACHT

MUTIG

Lösung

S	M	T	V	B	S	A	B	F	N	X	T	F	C	I	Y	H	K	L
S	G	D	N	F	C	E	P	A	S	L	W	E	I	I	C	X	S	P
G	K	B	K	G	I	N	S	D	H	E	V	V	M	G	C	H	B	O
E	E	X	J	L	Y	A	C	Z	D	I	L	L	D	D	P	D	H	Y
M	F	Y	W	N	O	Z	P	V	F	N	Z	L	G	F	E	L	I	X
E	D	J	O	I	L	P	X	O	G	P	T	V	T	C	U	K	S	V
I	F	R	R	P	F	D	F	U	I	V	H	L	A	M	K	L	C	I
N	O	P	T	S	O	N	N	E	N	S	C	H	E	I	N	D	M	U
S	U	C	S	C	T	M	N	W	R	B	A	B	E	R	P	M	J	S
A	C	D	U	W	H	T	R	H	N	S	R	M	A	H	Z	U	Z	K
M	Z	X	T	X	G	V	O	E	G	M	T	A	X	Z	X	T	P	H
E	O	H	C	I	D	V	M	Y	O	O	N	S	R	S	I	I	E	T
O	D	R	S	V	J	J	A	I	U	M	I	M	F	I	Z	G	G	T
O	N	Z	D	Z	A	E	A	Z	R	E	E	I	I	X	V	F	Z	Q
G	E	L	H	T	W	J	Q	N	O	N	S	E	U	I	A	O	X	V
R	R	I	N	A	H	P	Y	D	X	T	I	M	C	O	X	H	B	N
B	N	W	T	L	R	M	B	Z	D	E	S	E	H	E	K	G	P	O
Z	I	Z	J	P	K	B	R	F	P	V	Z	G	H	M	T	G	A	A
E	R	E	A	R	R	Q	S	Q	H	T	L	A	H	B	L	U	L	K
L	B	I	W	E	N	S	J	O	M	M	B	B	S	U	X	T	J	T
L	R	T	T	K	K	H	C	S	I	T	A	M	S	I	R	A	H	C
O	E	D	I	N	V	E	R	B	U	N	D	E	N	H	E	I	T	X
T	V	V	W	A	J	V	Z	Y	K	Q	N	K	P	G	Y	D	V	Z
I	T	T	Q	R	L	K	L	K	L	S	T	S	H	Y	X	V	Q	V	Y

J	Y	G	O	G	P	E	P	Q	U	R	G	S	G	F	H	N	O	T
T	E	X	L	B	N	I	E	S	N	P	U	N	D	Y	C	S	U	Y
W	A	R	T	N	D	Z	D	E	X	A	T	U	G	E	I	H	V	W
H	Q	B	L	H	W	V	Y	O	U	N	E	M	M	A	S	U	Z	T
E	N	U	N	N	E	M	R	A	M	U	E	N	I	P	N	E	Y	J
R	H	N	I	C	Y	O	Y	T	I	E	H	N	E	B	E	G	R	E
Z	P	T	V	O	J	U	F	E	M	O	G	H	Z	Q	Q	R	K	P
S	V	E	Z	G	B	N	U	L	R	J	A	U	P	P	D	F	H	T
T	U	R	X	C	I	A	O	K	A	D	H	L	G	T	Q	N	A	G
U	W	S	H	M	W	J	P	W	P	M	Y	B	J	K	X	S	L	H
E	U	T	C	L	C	F	F	U	G	E	M	D	L	A	C	K	H	B
C	R	U	O	Z	M	D	M	A	U	N	F	A	A	H	F	J	Y	W
K	Z	E	L	J	P	J	B	Z	O	U	U	Z	T	N	B	S	B	F
S	E	T	T	V	H	W	Q	P	E	H	A	L	E	P	A	V	K	M
R	L	Z	Z	E	B	M	Y	R	D	O	N	F	O	A	Y	K	J	D
M	N	U	B	E	S	T	E	W	L	X	L	E	A	H	E	S	T	N
K	X	N	X	W	B	I	R	V	I	E	W	D	T	K	R	B	Z	K
T	B	G	C	L	N	R	E	D	H	I	Y	R	T	L	H	E	N	S
C	U	J	I	A	O	M	G	L	Y	T	V	G	T	A	A	D	X	C
G	Y	P	N	Q	E	N	I	E	M	Z	V	J	C	P	L	H	K	I
B	X	D	F	B	E	A	O	Y	S	C	L	I	C	E	T	K	E	C
H	E	X	T	L	I	E	B	L	I	N	G	S	M	E	N	S	C	H
R	X	X	V	W	H	W	I	H	N	S	N	B	P	G	P	Z	A	D	W
P	E	N	A	B	Q	R	M	P	G	T	I	V	I	T	B	V	C	Q

10

UNTERSTUETZUNG

LIEBLINGSMENSCH

HELFEN IN DER NOT

DA SEIN FUEREINANDER

WURZELN HALTEN UNS ZUSAMMEN

SICH UMARMEN

ERGEBENHEIT

MEINE BESTE

HERZSTUECK

ERHOLUNG

Lösung

```
J Y G O G P E P Q U R G S G F H N O T
T E X L B N I E S N P U N D Y C S U Y
W A R T N D Z D E X A T U G E I H V W
H Q B L H W V Y O U N E M M A S U Z T
E N U N N E M R A M U E N I P N E Y J
R H N I C Y O Y T I E H N E B E G R E
Z P T V O J U F E M O G H Z Q Q R K P
S V E Z G B N U L R J A U P P D F H T
T U R X C I A O K A D H L G T Q N A G
U W S H M W J P W P M Y B J K X S L H
E U T C L C F F U G E M D L A C K H B
C R U O Z M D M A U N F A A H F J Y W
K Z E L J P J B Z O U U Z T N B S B F
S E T T V H W Q P E H A L E P A V K M
R L Z Z E B M Y R D O N F O A Y K J D
M N U B E S T E W L X L E A H E S T N
K X N X W B I R V I E W D T K R B Z K
T B G C L N R E D H I Y R T L H E N S
C U J I A O M G L Y T V G T A A D X C
G Y P N Q E N I E M Z V J C P L H K I
B X D F B E A O Y S C L I C E T K E C
H E X T L I E B L I N G S M E N S C H
R X V V W H W I H S N B P G P Z A D W
P E N A B Q R M P G T I V I T B V C Q
```

Z G D R F U M N R P D B A I T M S I J
U G W S V K N A V T Q V H S I X L M X
S D I R Z L K B C L T T U T H Q E B B
A W H F N C D G E H M U B V U Q V X E
M K L A P E U M N Z E L W W A P N X H
M W N S T O D H K S A N U S B O K G Q
E E V D T T B E I C M H F S B N T T J
N W C G C A H H R H L I L F G Q O N N
G T Z F S A O U M W Q V T B X J P M V
E G L Q V S X A X E E I M M A A D H U
H K T G V X B S T S E S J C O R C O J
O R F O J J U P I T N N O F W Z J B K
E T F U L R L W E E Z A I E A N E C G
R E Q A K A C M K R Y V I D E S S K E
I P Y Z E G F Z G H A N T N C J C R M
G H M N T Q E P I E T X N H W F E E E
K D E Z H W G C R R R E U Y L Q T Q I
E U U C C J F S E Z O E I Y V T Z T N
I J X J I L D H O K T F R E U J F A S
T L W U Z R T O H Z E T I E S E Z V A
R N Q S Q R H X E X M O W H A T E A M
B J B S Z V Q R G N E L L O W L H O W
P O F F E N I K U A Z I S E I T E D Q
A T C S A N W O Z F Y J M B U E W Y G

11

SEITE AN SEITE
ZUGEHOERIGKEIT
OFFEN REDEN KOENNEN
ZUSAMMENGEHOERIGKEIT
GEMEINSAM PLAENE MACHEN

SCHWESTERHERZ
BESCHUETZERIN
WEINT MIT DIR
UNBEZAHLBAR
WOHLWOLLEN

```
Z G D R F U M N R P D B A I T M S I J
U G W S V K N A V T Q V H S I X L M X
S D I R Z L K B C L T T U T H Q E B B
A W H F N C D G E H M U B V U Q V X E
M K L A P E U M N Z E L W W A P N X H
M W N S T O D H K S A N U S B O K G Q
E E V D T T B E I C M H F S B N T T J
N W C G C A H H R H L I L F G Q O N N
G T Z F S A O U M W Q V T B X J P M V
E G L Q V S X A X E E I M M A A D H U
H K T G V X B S T S E S J C O R C O J
O R F O J J U P I T N N O F W Z J B K
E T F U L R L W E E Z A I E A N E C G
R E Q A K A C M K R Y V I D E S S K E
I P Y Z E G F Z G H A N T N C J C R M
G H M N T Q E P I E T X N H W F E E E
K D E Z H W G C R R E U Y L Q T Q I N
E U U C C J F S E Z O E I Y V T Z T S
I J X J I L D H O K T F R E U J F A A
T L W U Z R T O H Z E T I E S E Z V A
R N Q S Q R H X E X M O W H A T E A M
B J B S Z V Q R G N E L L O W L H O W
P O F F E N I K U A Z I S E I T E D Q
A T C S A N W O Z F Y J M B U E W Y G
```

G A L L E S K T L T D N F R R U E Y M
Z U S A M M E N S C H L U S S E Y V A
N E H S Z L O T S J X H G S P B F Q A
I O K Y I T H S K K K A V E X E W Z C
K H Q K T R Y L T N I T W U R R V Y G
V X H Y X S Z G R I M Y L C K X Q E F
A R O V J B B F E B X F M U Z R M A E
K V V A I B S P W E F R N C O E L I T
K H C I D K U B S O P E X H I H W L P
L P I M U V E A N Z M U R N G A G O C
K A I W Z E I N E S L D S P N Q T K N
R Q L T Q U N A B O D A D O U L E F E
W E X P M J A S E N M R L O R A U F T
O E C G T Z H V I E I U O N E N Y B K
R J U Q S P A D L P D V F I H E F K E
U X Q L B N F I H J N Y Y K C M L U J
F K W L T Q Z G Z J U U G Z I M T J O
D W Y K Y S T P Y T K J C T E A O Y R
D T I E K M A S N I E M E G R S H W P
N D V H H O T U Q Y G K R L E U B X Y
W M R D I E L N E H E G N Q B Z L V W
L L N T G C S P S U R E D E N I U I U
B Y M J O R J P N Z E Z O X D O V G V
X A G E X E B E I L B J K H G S U B K

12

UEBER ALLES REDEN

EINE BEREICHERUNG

BIN STOLZ AUF DICH

GEMEINSAME PROJEKTE

ZUSAMMEN INS KINO GEHEN

ZUSAMMENSCHLUSS

FREUD UND LEID

GEMEINSAMKEIT

LIEBENSWERT

LIEBE

Lösung

```
G A L L E S K T L T D N F R R U E Y M
Z U S A M M E N S C H L U S S E Y V A
N E H S Z L O T S J X H G S P B F Q A
I O K Y I T H S K K K A V E X E W Z C
K H Q K T R Y L T N I T W U R R V Y G
V X H Y X S Z G R I M Y L C K X Q E F
A R O V J B B F E B X F M U Z R M A E
K V V A I B S P W E F R N C O E L I T
K H C I D K U B S O P E X H I H W L P
L P I M U V E A N Z M U R N G A G O C
K A I W Z E I N E S L D S P N Q T K N
R Q L T Q U N A B O D A D O U L E F E
W E X P M J A S E N M R L O R A U F T
O E C G T Z H V I E I U O N E N Y B K
R J U Q S P A D L P D V F I H E F K E
U X Q L B N F I H J N Y Y K C M L U J
F K W L T Q Z G Z J U U G Z I M T J O
D W Y K Y S T P Y T K J C T E A O Y R
D T I E K M A S N I E M E G R S H W P
N D V H H O T U Q Y G K R L E U B X Y
W M R D I E L N E H E G N Q B Z L V W
L L N T G C S P S U R E D E N I U I U
B Y M J O R J P N Z E Z O X D O V G V
X A G E X E B E I L B J K H G S U B K
```

W C P J S P N C D Z G G L W D G H Y Q
T C X Z D V O E N T P F A X N N R S O
D J W A B X Y U H Q E S B H U D Y L K
R A U S E I N G A I X B L I V C O D C
A J G H C I S C N P E I Z H S M F W E
A O Y R M E I M I F F Z G K J H Z X B
U P E X O T O U F A X N R L E O D J Q
C X S Q G S U Y H I V G X E Z L E L Q
H V U F P H S F Y A R N P G V S P H N
G Y A U H R Q A T U A I N I M T F R N
Z U D T O Y M I R H Q Y J T U X S E Z
L J Q S E Q I N Q T Y X N H Z C U S E
L N Z I L D A S B D I B J C W X P P I
O E L B U U V N M H K G F I O X E E G
V L V N V P L X D U Q F N S R C R K E
T L E D E G P U D H H N T H T X H T N
E A R E N H O B I J E S U C E U E B D
A F S B T R S J Q B I H N A Y G L E S
T M T X V H O B V J D C R N C G D S L
E U E O F W E A G B T S B F U P I T A
I J H I I S W E U Z X A T L E I N E C
P W E Y T T E J Z G A W T A P V J O H
Z M N E N N S N E T I E R T S C A P E
O I Y W W A O G J Z F E F E V R D O N

13

DU BIST GROSSARTIG

STREITEN UND VERZEIHEN

LACHEN BIS ZUM UMFALLEN

SICH AUCH OHNE WORTE VERSTEHEN

DU HOLST DAS BESTE AUS MIR RAUS

PIETAETVOLL SEIN

RESPEKT ZEIGEN

SUPERHELDIN

NACHSICHTIG

DIE BESTE

Lösung

```
W C P J S P N C D Z G G L W D G H Y Q
T C X Z D V O E N T P F A X N N R S O
D J W A B X Y U H Q E S B H U D Y L K
R A U S E I N G A I X B L I V C O D C
A J G H C I S C N P E I Z H S M F W E
A O Y R M E I M I F F Z G K J H Z X B
U P E X O T O U F A X N R L E O D J Q
C X S Q G S U Y H I V G X E Z L E L Q
H V U F P H S F Y A R N P G V S P H N
G Y A U H R Q A T U A I N I M T F R N
Z U D T O Y M I R H Q Y J T U X S E Z
L J Q S E Q I N Q T Y X N H U C U S I
L N Z I L D A S B D I B J C W X P P E
O E L B U U V N M H K G F I O X E E G
V L V N V P L X D U Q F N S R C R K E
T L E D E G P U D H H N T H T X H T N
E A R E N H O B I J E S U C E U B E D
A F S B T R S J Q B I H N A Y G L E S
T M T X V H O B V J D C R N C G D S L
E U E O F W E A G B T S B F U P I A C
I J H I I S W E U Z X A T L E I N E H
P W E Y Y T E J Z G A W T A P V J O E
Z M N E N N S N E T I E R T S C A P E
O I Y W W A O G J Z F E F E V R D O N
```

P C A B M T D S C H L E C H T Q T W T
B K W S J C E S T G L N E N N E O K A
B Y U B I X N E W I O B N C Q Y F A L
S F W L G C E X W T S N W H Z W J X L
W S S V E P H A D S Z O P Z A X C B T
Y K V E E O N S F U P F L E E E J D A
T J J Y W R O I Q L A U R A Q M W M G
E N P Q L T G A K R N M V I J M C U S
N A M R X U H E Q E E F M D Q E K T H
G H M O M E N T B U F B M P I I W K E
W E T B L N E M H E N C A M Q N M N L
X S H Z G A K Z L T N K U L H E K E D
N I G E F P J Q V N T O E J B R G D I
R T T U I B P T E A U B M Z E D L N
Z I B W V M W Y P B F H E W M U M Z K
O E O G M N N J T A G B R E S F M S Q
X Z O P M W V I B U E E I K T X T C J
D N H D Y E L C S H L N M U C F H Z
R E E C O E X A A S S N I C H T R A F
I N X L I N W L L A E W E O U J E E X
X I V T F S T X M G Y Y G P V X K T Z
I E R F Y E O E W U L T H D G X U Z Y
C K D V P N Y S V S D M D F T E E B
L M O H S C C X D H P U R O V N M N S

14

SICH ZEIT NEHMEN

MEINE ALLTAGSHELDIN

GEHEIMNISSE FUER SICH BEHALTEN

DENKT NICHT SCHLECHT UEBER EINEN

DEN GEMEINSAMEN MOMENT SCHAETZEN

VERGEBEN KOENNEN

ABENTEUERLUSTIG

WAERME

PAKT

Lösung

P C A B M T D S C H L E C H T Q T W T
B K W S J C E S T G L N E N N E O K A
B Y U B I X N E W I O B N C Q Y F A L
S F W L G C E X W T S N W H Z W J X L
W S S V E P H A D S Z O P Z A X C B T
Y K V E E O N S F U P F L E E E J D A
T J J Y W R O I Q L A U R A Q M W M G
E N P Q L T G A K N M V I J M C U S
N A M R X U H E Q E F M D Q E K T H
G H M O M E N T B U F B M P I I K E
W E T B L N E M H E N C A M Q N M N L
X S H Z G A K Z L T N K U L H E K E D
N I G E F P J Q V N T O E J B R G D I
R T T U I N B P T E A U B M Z E D L N
Z I B W V M W Y P B F H E W M U M Z K
O E O G M N N J T A G B R E S F M S Q
X Z O P M W V I B U E E I K T X T C J
D N H D Y E L C S H L N X M U C F H Z
R E E C O E X A A S S N I C H T R A F
I N X L I N W L L A E W E O U J E E X
X I V T F S T X M G Y Y G P V X K T Z
I E R F Y E O E W U L T H D G X U Z Y
C K D V N P N Y S V S D M D F T E E B
L M O H S C C X D H P U R O V N M N S

T H I W H Z T V T Z N X E U Q G M N G
K I R A G O R U Q V U R I W K Z T W N
L D I S K U T I E R E N R E N I E D Z
F C F F S T G Q S S A L R E V P U X U
U Z S I S I X A P O N Q Q B J U A S S
Q P C D S B I G B S E H O N P I Y U A
M H G B F P N I N D T E A R O E N Z M
Z G X U G O W C H N U I N N X N P W M
Q F E Q N Q S Z M L A H A N D V Q E E
O G O W O T J I W Y R V V C X B Q I N
Z W M D T U G B U M T S S K X Y Z V H
Z E R W S W Q O O R L M H A C Y R A
N P Y B D E I P B T E N Z R B Y W R L
P A H Y X B V B L F V H J A R B C O T
Q C G N X F G R E T R T I B J E M B E
I W U I F D U F N A E S M K G R S U N
F F Z L A C M A N E G S T N X W Y Z B
K E H E A N C O I P G E N A I W Q E P
I P D S Y Z W T E I M E R D W L E E T
G R S W Y Q B U S E G G O N H E H L I
Y Y K N E S S B Y M S N M P C X G E
Y G C K F T F L H V Z S F N I T S I V
O T U U U D S T H I H E R D J S U L C
Z N U N T E R N E H M U N G E N A U M

DANKBAR SEIN
ZUSAMMENHALTEN
UNTERNEHMUNGEN
AUF DICH IST VERLASS
GERN IN DEINER NAEHE

HAND IN HAND
DISKUTIEREN
SICH MOEGEN
VERTRAUTE
WIR ZWEI

Lösung

T H I W H Z T V T Z N X E U Q G M N G
K I R A G O R U Q V U R I W K Z T W N
L D I S K U T I E R E N R E N I E D Z
F C F F S T G Q S S A L R E V P U X U
U Z S I S I X A P O N Q Q B J U A S S
Q P C D S B I G B S E H O N P I Y U A
M H G B F P N I N D T E A R O E N Z M
Z G X U G O W C H N U I N N X N P W M
Q F E Q N Q S Z M L A H A N D V Q E E
O G O W O T J I W Y R V V C X B Q I N
Z W M D T U G B U M T S S K X Y Z V H
Z E R W V S W Q O O R L M H A C Y R A
N P Y B D E I P B T E N Z R B Y W R L
P A H Y X B V B L F V H J A R B C O T
Q C G N X F G R E T R T I B J E M B E
I W U I F D U F N A E S M K G R S U N
F F Z L A C M A N E G S T N X W Y Z B
K E H E A N C O I P G E N A I W Q E P
I P D S Y Z W T E I M E R D W L E E T
G R S W Y Q B U S E G G O N H E H L I
Y Y K N K E S S B Y M S N M P C X G E
Y G C K F T F L H V Z S F N I T S I V
O T U U U D S T H I H E R D J S U L C
Z N U N T E R N E H M U N G E N A U M

U R D H L C L M S W M M O R B F S L K
C O U D S K O E N N E N J U E M Y Q K
A N Z E I T E Z R L S K N D T M Q W R
P G T V U B D A D Z J L I X A K M H B
K N X B F S U D N U A F O Y E F N I Y
C Q H U E S F M X M U B X O B U U I E
Q E M W J I L P E E S D I C H J J E C
F J A U Y F D Z H D S I Z E F U T A R
B X F X F W I L U I Z H B X W W F Z R
U M A F B I E G R N C C A S T H X U Z
V X I S E P M D E I E V N N E M H E N
E A R X K E O X W M G G A K N I S K R
R X A L N P H W O X E Z R E B I K I I
T U O B V T H Y Q S G I J O K G D O E
R I D B B Y D D C V Z I N B B N S C F
A Q H Y V E P W N D Z E D S B E A D R
U J A O L R E X K E F N V M A Y G D E
T C T A L N T A J M B E E X N M R L I
H Y E P B H O N P N R E J B K S L S Z
E U Y F E G S E M I C H G M E P A C E
I Z T L D R Y H F F I X C T V G Z R I
T I F R O U T C D Z X T E Z A J S H T
Y E W V O F Q A G M E C U P U R P A Q
N B P W Z O U L J V P I Q W L G U O E

16

VERTRAUTHEIT

GEBEN UND NEHMEN

HAT IMMER ZEIT FUER DICH

GEMEINSAM LACHEN KOENNEN

BEI DIR FUEHLE ICH MICH GEBORGEN

RATGEBEND

FREIZEIT

HELFEN

FAIR

DANK

Lösung

```
U  R  D  H  L  C  L  M  S  W  M  M  O  R  B  F  S  L  K
C  O  U  D  S  K  O  E  N  N  E  N  J  U  E  M  Y  Q  K
A  N  Z  E  I  T  E  Z  R  L  S  K  N  D  T  M  Q  W  R
P  G  T  V  U  B  D  A  D  Z  J  L  I  X  A  K  M  H  B
K  N  X  B  F  S  U  D  N  U  A  F  O  Y  E  F  N  I  Y
C  Q  H  U  E  S  F  M  X  M  U  B  X  O  B  U  U  I  E
Q  E  M  W  J  I  L  P  E  E  S  D  I  C  H  J  J  E  C
F  J  A  U  Y  F  D  Z  H  D  S  I  Z  E  F  U  T  A  R
B  X  F  X  F  W  I  L  U  I  Z  H  B  X  W  W  F  Z  R
U  M  A  F  B  I  E  G  R  N  C  C  A  S  T  H  X  U  Z
V  X  I  S  E  P  M  D  E  I  E  V  N  N  E  M  H  E  N
E  A  R  X  K  E  O  X  W  M  G  G  A  K  N  I  S  K  R
R  X  A  L  N  P  H  W  O  X  E  Z  R  E  B  I  K  I  I
T  U  O  B  V  T  H  Y  Q  S  G  I  J  O  K  G  D  O  E
R  I  D  B  B  Y  D  D  C  V  Z  I  N  B  B  N  S  C  F
A  Q  H  Y  V  E  P  W  N  D  Z  E  D  S  B  E  A  D  R
U  J  A  O  L  R  E  X  K  E  F  N  V  M  A  Y  G  D  E
T  C  T  A  L  N  T  A  J  M  B  E  X  N  M  R  L  I
H  Y  E  P  B  H  O  N  P  N  R  E  J  B  K  S  L  S  Z
E  U  Y  F  E  G  S  E  M  I  C  H  G  M  E  P  A  C  E
I  Z  T  L  D  R  Y  H  F  F  I  X  C  T  V  G  Z  R  I
T  I  F  R  O  U  T  C  D  Z  X  T  E  Z  A  J  S  H  T
Y  E  W  V  O  F  Q  A  G  M  E  C  U  P  U  R  P  A  Q
N  B  P  W  Z  O  U  L  J  V  P  I  Q  W  L  G  U  O  E
```

E L L E T S K N A T N E L E E S Q H G
U F O T L F H D I C H G E R Z S N F F
A I O P E T U F U F G H K H S O N U M
K N N E R E I T K E P S E R P E A R W
W N S L N N J O R L Z K P E G Q F U B
B M E U E N Y V I V P G Z N C Y Q Z O
Q F L H N Y M I C T C R U E G T D G D
V E Q O C F U A C T M M Q O B Q Z V H
O G T L W S Y P P L R F W C O I A X Z
N H G I E Q E U Q A R L N Z W F P Q J
E A B E F N P G M O Y P N B A R P N E
I X E T A X J U   Q L P I D P S S T Z
N I N R H O Z W W N P H H M K X X D N
A A E E I S B U J T I K N E W X R Y Y
N H K T L I Y Y O S K E K O S Q J R S
D D N S Q B G R X F J C G Q C S E T O
E E E I G J L J S E U N V A T H A C V
R B H W Q Y K O M P L I M E N T E N A
K R C H C U P N D D I Y Y L Q G A O G
K W S C E Y N I V V J M E N Q E I Y S
R R J S T Q Y Z I R N W Y A H F V H O
S F P E H J M R X X D C M E O K S A C
U W R G C R X I F T H T I V P A S S T
E A F T E G J U N E U A R T R E V G W

17

SEELENTANKSTELLE

PASST AUF DICH AUF

ECHTE KOMPLIMENTE

VERTRAUEN SCHENKEN

VONEINANDER LERNEN

GESCHWISTERTEIL

UMARMUNGEN

RESPEKTIEREN

EIN GESCHENK

NAEHE

Lösung

```
E L L E T S K N A T N E L E E S Q H G
U F O T L F H D I C H G E R Z S N F F
A I O P E T U F U F G H K H S O N U M
K N E R E I T K E P S E R P E A R W
W N S L N N J O R L Z K P E G Q F U B
B M E U N Y V I P G Z N C Y Q Z O
Q F L H N Y M I C T C R U E G T D G D
V E Q O C F U A C T M M Q O B Q Z V H
O G T L W S Y P P L R F W C O I A X Z
N H G I E Q E U Q A R L N Z W F P Q J
E A B E F N P G M O Y P N B A R P N E
I X E T A X J U Q L P I D P S S T Z
N I N R H O Z W W N P H H H M K X X D N
A A E E I S B U J T I K N E W X R Y Y
N H K T L I Y Y O S K E K O S Q J R S
D D N S Q B G R X F J C G Q C S E T O
E E E I G J L J S E U N V A T H A C V
R B H W Q Y K O M P L I M E N T E N A
K R C H C U P N D D I Y Y L Q G A O G
K W S C E Y N I V V J M E N Q E I Y S
R R J S T Q Y Z I R N W Y A H F V H O
S F P E H J M R X X D C M E O K S A C
U W R G C R X I F T H T I V P A S S T
E A F T E G J U N E U A R T R E V G W
```

X R Y X L M E O U T O X M A D G D O K
V N O Z V G L J M I C H C U A K A T J
C A X I C C L A Y G D N Y B G D D I U
S N H F F K W U A M O J B S Q I F E A
S D Z X B P K W F K H C F E E X V K Z
I V P E V Y F U M Y Z L Y X G F E H Z
W X W X L D A G K P V U N W H Z R C N
L X B A W V E R T R A U E N I A T I Q
T A A S S E A P V F K J Q O S B E L L
H R J X F M B V Q K V H P I T Z I T C
V E R T R A U T H E I T D A Q A D E R
C M K P E K B W A X V D E E L Z I U O
U M G H U W P M E F S I I L N U G M Z
J I P V N A T E B B N T E C E V E E B
T I B E D N X H S B O I A R H F N G C
F D D R I D I H M S N F F R A J U Y W
P N Z S N E B P N H E H H I K Q R E G
S Z S T Z R R F G T B I E P I E E D R
P N P E A E K R M J U M N Q R V K E U
W Z Q H G N O L U U P F K L H J H I I
B M L E U N R E D N A N I E R E U F F
Q F I N L R D U Q H M Q U N Z E P M Q
M C P O X L J Y I N A B O T E N K D R
B P J Q H C I D F Y X I T H Q Y Q E V

18

FREU MICH AUF DICH
STARKE VERTRAUTHEIT
FUEREINANDER DA SEIN
IST IMMER FUER DICH DA
DEN ANDEREN VERSTEHEN

GEMUETLICHKEIT
VERTEIDIGEN
VERTRAUEN
NIE ALLEIN
FREUNDIN

Lösung

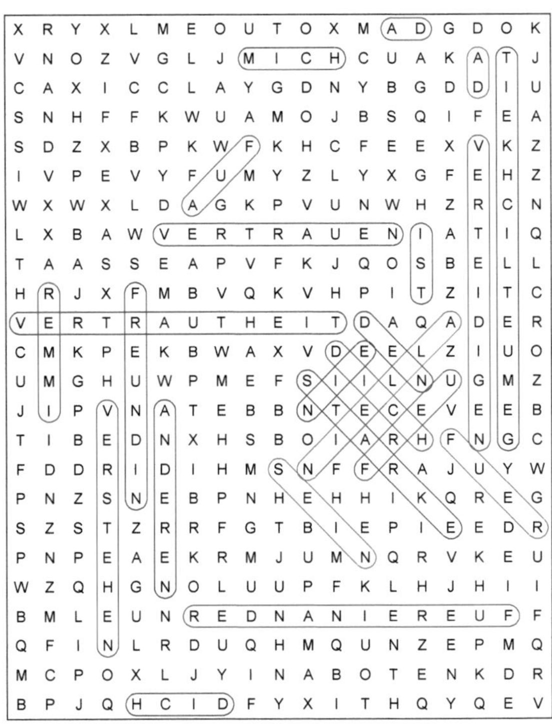

DAS

BRUDER

WORTSUCHRÄTSEL BUCH

X E Y W B H O H R J T X T I L F N K J
R L U C C R Z X P C Q N C A P X Q U A
C L P N F Z G N F N W H C Q C A Y Q F
F E C J C G G I V M Y H H O H C N U Q
W T O J W X W E V E E D A L R L D G I
T S L H O H Q G Q N K D H V N H E Q M
N K B Y W M E B Z E R A E W E M J K F
D N I K S K C E U L G G Y R E C G Y N
T A A E W N G T J X K O Z I G B B I Q
G T V J K L B K K H V L N D H O B A S
L N I B M R G O D D I S A T G Z W W U
H E O B Y M P Q U C A V R E N E M D X V
T L S G G H H E H M C I D I Z J Z C F
K E V Y B D R W M M W Q E U V N W X N
B E N I U F A J P H N H X Z W S F X J
N S F G U T K J U Y C L P T G R Y L F
E I B Q F U E B J S H G B L J P S D E
N B X I C W X G N E R A B A S L V C Q
N I D N U V R E U R Y Q L V G G V O S
E N I S Y E N F W O H L W O L L E N Z
O D E E M N E V N G X R F F N Q E B G
K U L M O G R G C J T W P Z S M H Z V
B N I S B F O S V B X O S C T E B N N
M G W N J L N N E B A H T C U R B R Y

1

BINDUNG
IMMER DA
HERZLICH
WOHLWOLLEN
SONNENSCHEIN

GEMEINSAM LACHEN KOENNEN
ICH BIN EIN GLUECKSKIND
WIR GEFUEHL HABEN
SEELENTANKSTELLE
FREUD UND LEID

Lösung

X	E	Y	W	B	H	O	H	R	J	T	X	T	I	L	F	N	K	J
R	L	U	C	C	R	Z	X	P	C	Q	N	C	A	P	X	Q	U	A
C	L	P	N	F	Z	G	N	F	N	W	H	C	Q	C	A	Y	Q	F
F	E	C	J	C	G	G	I	V	M	Y	H	H	O	H	C	N	U	Q
W	T	O	J	W	X	W	E	V	E	E	D	A	L	R	L	D	G	I
T	S	L	H	O	H	Q	G	Q	N	K	D	H	V	N	H	E	Q	M
N	K	B	Y	W	M	E	B	Z	E	R	A	E	W	E	M	J	K	F
D	N	I	K	S	K	C	E	U	L	G	G	Y	R	E	C	G	Y	N
T	A	A	E	W	N	G	T	J	X	K	O	Z	I	G	B	B	I	Q
G	T	V	J	K	L	B	K	K	H	V	L	N	D	H	O	B	A	S
L	N	I	B	M	R	G	O	D	D	I	S	A	T	G	Z	W	W	U
H	E	O	B	Y	M	P	Q	U	C	A	V	R	E	N	M	D	X	V
T	L	S	G	G	H	E	H	M	C	I	D	I	Z	J	Z	C	F
K	E	V	Y	B	D	R	W	M	M	W	Q	E	U	E	N	W	X	N
B	E	N	I	U	F	A	J	P	H	N	H	X	Z	W	S	F	X	J
N	S	F	G	U	T	K	J	U	Y	C	L	P	T	G	R	Y	L	F
E	I	B	Q	F	U	E	B	J	S	H	G	B	L	J	P	S	D	E
N	B	X	I	C	W	X	G	N	E	R	A	B	A	S	L	V	C	Q
N	I	D	N	U	V	R	E	U	R	Y	Q	L	V	G	G	V	O	S
E	N	I	S	Y	E	N	F	W	O	H	L	W	O	L	L	E	N	Z
O	D	E	E	M	N	E	V	N	G	X	R	F	R	F	F	N	Q	E	B	G
K	U	L	M	O	G	R	G	C	J	T	W	P	Z	S	M	H	Z	V
B	N	I	S	B	F	O	S	V	B	X	O	S	C	T	E	B	N	N
M	G	W	N	J	L	N	N	E	B	A	H	T	C	U	R	B	R	Y

T J T B C Z J E J Q N F H N E V V O
I V R R W H A D Y I E F Q C N N Y O W
E V H E X C X V A P O W G Q I N V N S
K X L P B L K D L S P Y S M D D P P B
G O W Q S E N H X Q O A H U Y K D V A
I E Y E Q I G F N Y M X M J D Q T P W
R V X C B F E T N I R K Y U T M E R G
E P A S S T R E A P D I E D C G A N E
O S C N J G G W W R J R F G C K T B M
H J H X G A X D Z G F C G T A U I R E
E Y W W L W E R M E A A H Z C R R C I
G S P K S R Z M N M H C I D I D A A N
N X O W K P E A A D A T E P M V D U S
E P H D J V U T T S Q F R L E W I F A
M I G Q N D N E E W N O F R F A L F M
M A I S T P X Y U D J I L F U A O U K
A R G L D L E I D E N A E B J H S A E
S Q H C A O W A K D S E S M T U S T I
U E Z Z T T N T M S M B U E E H F J T
Z C H H C U E N U X P Y V B I G P B M
J U I G Q J G R Y R G R Y M R N E J V
F V P I X Y W Q U T N Z B J I E P K O
T N V R X F C L M Q K B Q U U R V R T
R I T K H G S E D P S Z U F C D D N I

2

SOLIDARITAET

GEMEINSAMKEIT

PASST AUF DICH AUF

ZUSAMMENGEHOERIGKEIT

SEIN LEID KLAGEN DUERFEN

GEMEINSAME PROJEKTE

AUF DICH IST VERLASS

VERBUENDETER

TUST MIR GUT

RATGEBER

Lösung

T J T B C Z J E J Q N F H V N E V V O
I V R R W H A D Y I E F Q C N N Y O W
E V H E X C X V A P O W G Q I N V N S
K X L P B L K D L S P Y S M D D P P B
G O W Q S E N H X Q O A H U Y K D V A
I E Y E Q I G F N Y M X M J D Q T P W
R V X C B F E T N I R K Y U T M E R G
E P A S S T R E A P D I E D C G A N E
O S C N J G G W W R J R F G C K T B M
H J H X G A X D Z G F C G T A U I R E
E Y W W L W E R M E A A H Z C R R C I
G S P K S R Z M N M H C I D I D A A N
N X O W K P E A A D A T E P M V D U S
E P H D J V U T T S Q F R L E W I F A
M I G Q N D N E E W N O F R F A L F M
M A I S T P X Y U D J I L F U A O U K
A R G L D L E I D E N A E B J H S A E
S Q H C A O W A K D S E S M T U S T I
U E Z Z T T N T M S M B U E E H F J T
Z C H H C U E N U X P Y V B I G P B M
J U I G Q J G R Y R G R Y M R N E J V
F V P I X Y W Q U T N Z B J I E P K O
T N V R X F C L M Q K B Q U U R V R T
R I T K H G S E D P S Z U F C D D N I

H S V P X D P Q Y H T P I A Q S L E R
D Z E Y A T N T O S N O Y U D V I P L
B V R I Q I L R E N I E D P A V F Y T
Y Y E P T Q N M I A T I P S I P X X G
J A B V B E E W T Y R C S S R S L R O
K D B U Q W T O X O N H B M B H R K S
Y C S T E O L L R E L S O N E P Y J B
I H N J D D P N B I I Q M L N C B I R
Y G T N I N K E V C J A F V I Z R L U
D S I E A Y G J H W K E E H E M Z L L
E A E G P U L I Z S N F Y N S U L O C
N N K A U G X F U O X E E G S U G V S
E D G R H X C G E B S H E A K Z K T C
H E I T F W C E U A E R M X X D Y E O
I R R R X V Y E T T N M P K S A R A K
A E E E F W J O S I E S W W V F G T Y
E N O V T R F R K N E E P X L E E E R
K W H V F N E X H K S U O O A J I N
C Y E Q O V I A I E Q F T T R W W P C
F Y G T R U L E A L W G X Q N M A Z
P W U A L T N N M X A K X F Y Y E O M
D A Z C I L C H X E F U Y A F R V N D
I R I W W U M G P H G Q X Z F F J K D
G D M U U A Y L K Z W K D X P N G J V

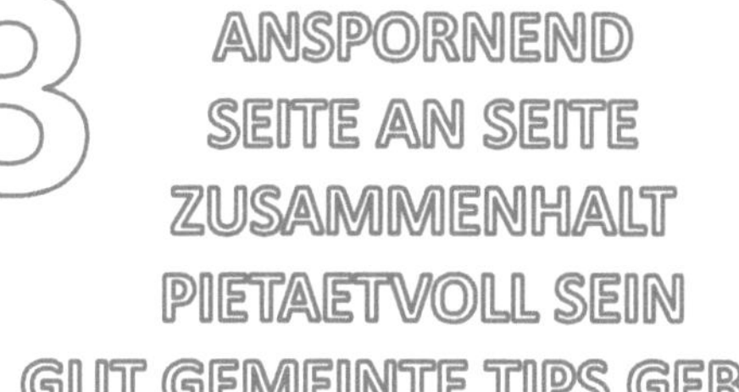

3

ANSPORNEND

SEITE AN SEITE

ZUSAMMENHALT

PIETAETVOLL SEIN

GUT GEMEINTE TIPS GEBEN

DEN ANDEREN VERSTEHEN

GERN IN DEINER NAEHE

ZUGEHOERIGKEIT

SICH VERTRAGEN

HELFEN

Lösung

H S V P X D P Q Y H T P I A Q S L E R
D Z E Y A T N T O S N O Y U D V I P L
B V R I Q I L R E N I E D P A V F Y T
Y Y E P T Q N M I A T I P S I P X X G
J A B V B E E W T Y R C S S R S L R O
K D B U Q W T O X O N H B M B H R K S
Y C S T E O L L R E L S O N E P Y J B
I H N J D D P N B I I Q M L N C B I R
Y G T N I N K E V C J A F V I Z R L U
D S I E A Y G J H W K E E H E M Z L L
E A E G P U L I Z S N F Y N S U L O S
N N K A U G X F U O X E E G S U G V S
E D G R H X C G E B S H E A K Z K T C
H E I T F W C E U A E R M X X D Y E O
I R R R X V Y E T T N M P K S A R A K
A E E E F W J O S I E S W W V F G T Y
E N O V T R F R K N E E P X L E E E R
K W H V F N E X H X H S U O O A J I N
C Y E Q O V I A I E Q F T T R W W P C
F Y G T R U L E A X L W G X Q N A Z Z
P W U A L T N N M X A K X F Y Y E O M
D A Z C I L C H X E F U Y A F R V N D
I R I W W U M G P H G Q X Z F F J K D
G D M U U A Y L K Z W K D X P N G J V

V	Z	X	B	F	P	P	D	N	J	D	B	Z	B	M	L	W	J	N
F	T	B	D	Z	J	E	T	M	B	E	H	F	S	E	I	N	B	N
G	U	M	J	S	A	C	W	D	S	H	F	V	W	I	C	E	K	A
G	R	I	A	F	T	W	P	T	D	F	V	R	D	V	V	N	I	M
U	H	W	M	U	J	Z	E	P	U	A	H	W	W	T	X	R	C	R
P	N	O	B	B	G	R	S	A	M	Q	R	C	A	Y	C	E	H	E
E	E	P	T	C	E	M	J	J	H	J	F	F	I	Y	T	L	R	P
Q	C	C	H	P	I	V	K	E	V	Z	D	W	K	L	O	D	Z	U
D	R	K	H	V	T	B	I	I	R	U	L	I	O	H	R	W	G	S
H	I	K	R	I	T	I	K	N	G	G	O	J	C	F	V	H	G	T
S	V	H	B	Q	G	K	X	A	G	B	Z	B	A	C	Z	Y	E	E
H	N	O	O	I	N	Q	E	N	R	E	U	K	Q	Q	N	R	U	I
F	Q	Z	M	L	S	P	T	D	E	X	D	X	E	F	F	H	F	O
X	W	C	F	I	C	V	Q	E	D	M	X	B	F	R	N	R	U	H
R	Y	H	A	L	N	T	N	R	N	E	Y	E	M	H	Y	A	G	D
X	M	R	A	H	W	A	Y	S	A	I	T	S	U	B	N	R	I	D
T	W	F	O	Z	O	J	R	G	N	N	O	C	P	B	E	K	J	F
U	B	T	A	M	P	D	F	O	I	J	C	H	T	E	N	B	O	G
D	U	P	S	M	D	G	D	L	E	C	J	U	B	I	N	T	G	T
I	C	H	H	U	I	H	N	B	N	K	T	E	E	H	E	U	X	Z
F	R	A	Z	C	L	L	K	U	O	B	M	T	W	T	K	N	L	B
O	M	J	X	S	R	Y	I	H	V	E	G	Z	C	D	G	L	G	X
K	S	C	X	E	D	X	D	E	U	U	N	E	A	B	F	P	I	Y
N	R	N	E	I	X	Y	K	O	N	S	T	R	U	K	T	I	V	E

FAIR
EHRLICH
BESCHUETZER
KONSTRUKTIVE KRITIK
VONEINANDER LERNEN

BEI DIR DARF ICH ICH SEIN
EINANDER KENNEN
MEIN BESTER
SUPERMANN
FAMILIE

Lösung

V Z X B F P P D N J D B Z B M L W J N
F T B D Z J E T M B E H F S E I N B N
G U M J S A C W D S H F V W I C E K A
G R I A F T W P T D F V R D V V N I M
U H W M U J Z E P U A H W W T X R C R
P N O B B G R S A M Q R C A Y C E H E
E E P T C E M J J H J F F I Y T L R P
Q C C H P I V K E V Z D W L O D Z U S
D R K H V T B I I R U L I O H R W G T
H I K R I T I K N G G O J C F V H G E
S V H B Q G K X A G B Z B A C Z Y E E
H N O O I N Q E N R E U K Q Q N R U I
F Q Z M L S P T D E X D X F F H F O
X W C F I C V Q E D M X B F R N R U H
R Y H A L N T N R N E Y E M H Y A G D
X M R A H W A Y S A I T S U B N R I D
T W F O Z O J R G N N O C P B E K J F
U B T A M P D F O I J C H T E N B O G
D U P S M D G D L E C J U B I N T G T
I C H H U I H N B N K T E E H E U X Z
F R A Z C L L K U O B M T W T K N L B
O M J X S R Y I H V E G Z C D G L G X
K S C X E D X D E U U N E A B F P I Y
N R N E I X Y K O N S T R U K T I V E

Y K H S K I Z M L I M V H C B C J Q H
W F P L Y L G Q B B E L V C F H Y X U
R H U U Z L V G C Q V I V R P N G K B
N T E U J A Z N S D E B J C B D E B
M L H Z D W W F I L E B M J B D A S M
A F L Q J O X P S R Z L N L O G F Z T
L U V G I V L S K Q T I B C H Y U W D
M Z S O R G P L F T S N Q N M E L E L
B W D H L K A Q U Y A G E Z H Z L C E
N G C Z G E Q W T L H S A W T N P X H
Y T W O R N P M H W G M H L X R X N S
S W F T X W F E X Y E E C F G T G E G
H R Z I Y E L T D W S N I H M P Y G A
B Q Y V U F X R C X T S D C S K P N T
L G S Y E S M K P O Q C D I N G E U L
N W F N J I J V O J C H N H N X P M L
L O C S E A L L E S K O E N N E R R A
C K T T N E R E I T K E P S E R C A C
F K S D I V N X B J D R Q I P N P M O
F E Y W E B K A M Y E I T B P T I U R
B G R E N Z E N L D E P S I S G S E B
G I G E P K V M V D E R A N C L S C M
K O E N N E N F U E R M I W T Q U R C
G S V E R G E B E N Q N F K U T F E W

5

ALLESKOENNER
UMARMUNGEN
MEIN ALLTAGSHELD
HELFEN IN DER NOT
VERGEBEN KOENNEN

GRENZEN RESPEKTIEREN
ICH BIN FUER DICH DA
LIEBLINGSMENSCH
ERKLAERT DINGE
DER BESTE

Lösung

```
Y K H S K I Z M L I M V H C B C J Q H
W F P L Y L G Q B B E L V C F H Y X U
R H U U Z L V G C Q V I V R P N G K B
N T E U J J A Z N S D E B J C B D E B
M L H Z D W W F I L E B M J B D A S M
A F L Q J O X P S R Z L N L O G F Z T
L U V G I V L S K Q T I B C H Y U W D
M Z S O R G P L F T S N Q N M E L E L
B W D H L K A Q U Y A G E Z H Z L C E
N G C Z G E Q W T L H S A W T N P X H
Y T W O R N P M H W G M H L X R X N S
S W F T X W F E X Y E E C F G T G E G
H R Z I Y E L T D W S N I H M P Y G A
B Q Y V U F X R C X T S D C S K P N T
L G S Y E S M K P O Q C D I N G E U L
N W F N J I J V O J C H N H N X P M L
L O C S E A L L E S K O E N N E R R A
C K T T N E R E I T K E P S E R C A C
F K S D I V N X B J D R Q I P N P M O
F E Y W E B K A M Y E I T B P T I U R
B G R E N Z E N L D E P S I S G S E B
G I G E P K V M V D E R A N C L S C M
K O E N N E N F U E R M I W T Q U R C
G S V E R G E B E N Q N F K U T F E W
```

V A S E I N G I G B C T O R T Z L M A
P N E H M E N D O A K B N M W U G I Z
L Q Q N A K U B M Y J U Z B A Y X V W
Q V R E I B A B G U S T Z C S S A J R
I S A T J W X E I P E D C O V R R V L
P Z L L M C Y F W I A S V X V E K J A
N V H A V Z Y D N M B B D N D H X N S
E E Z H S U P E R H E L D N A E K B S
Z R K N E H C S E G K Z A T E P R V U
I B F G M J V Z U M X N U T V J O E L
K U I X K K E H F B I I V U A C Q R H
S N D L R W B K L E J Q Z D E U R S C
V D Z V Z K E T U Z I H I K W Z P P S
E E L N E Q E Z Z N P G H Y T Y A R N
R N X I H D H F V X B E K S G Q C E E
T H V G E Q T B N Y L B A L P R D C M
R E J W L B F I T E C E R O K P V H M
A I T J P W E D F W T N J A M G D E A
U T D R N S G N J Y T L L E B U T N S
T X G L O B Y H S K Y C A D F K P V U
H A F F C D T B F W Y I B H B B N V Z
E Z O O O R L B J D E T O V M A D A O
I U N D K M B I W E P R F E G N E Q D
T I W G Z I L C H K P O T C Y M G C Y

SUPERHELD

DANKBAR SEIN

EIN GESCHENK

ZUEINANDER HALTEN

ENGE VERBUNDENHEIT

VERSPRECHEN HALTEN

GEBEN UND NEHMEN

ZUSAMMENSCHLUSS

VERTRAUTHEIT

LIEBENSWERT

Lösung

```
V  A  S  E  I  N  G  I  G  B  C  T  O  R  T  Z  L  M  A
P  N  E  H  M  E  N  D  O  A  K  B  N  M  W  U  G  I  Z
L  Q  Q  N  A  K  U  B  M  Y  J  U  Z  B  A  Y  X  V  W
Q  V  R  E  I  B  A  B  G  U  S  T  Z  C  S  S  A  J  R
I  S  A  T  J  W  X  E  I  P  E  D  C  O  V  R  R  V  L
P  Z  L  L  M  C  Y  F  W  I  A  S  V  X  V  E  K  J  A
N  V  H  A  V  Z  Y  D  N  M  B  B  D  N  D  H  X  N  S
E  E  Z  H  S  U  P  E  R  H  E  L  D  N  A  E  K  B  S
Z  R  K  N  E  H  C  S  E  G  K  Z  A  T  E  P  R  V  U
I  B  F  G  M  J  V  Z  U  M  X  N  U  T  V  J  O  E  L
K  U  I  X  K  K  E  H  F  B  I  I  V  U  A  C  Q  R  H
S  N  D  L  R  W  B  K  L  E  J  Q  Z  D  E  U  R  S  C
V  D  Z  V  Z  K  E  T  U  Z  I  H  I  K  W  Z  P  P  S
E  L  N  E  Q  E  Z  Z  N  P  G  H  Y  T  Y  A  R  E  N
R  N  X  I  H  D  H  F  V  X  B  E  K  S  G  Q  C  E  E
T  H  V  G  E  Q  T  B  N  Y  L  B  A  L  P  R  D  C  M
R  E  J  W  L  B  F  I  T  E  C  E  R  O  K  P  V  H  M
A  I  T  J  P  W  E  D  F  W  T  N  J  A  M  G  D  E  A
U  T  D  R  N  S  G  N  J  Y  T  L  L  E  B  U  T  N  S
T  X  G  L  O  B  Y  H  S  K  Y  C  A  D  F  K  P  V  U
H  A  F  F  C  T  D  T  B  F  W  Y  I  B  H  B  B  N  Z
E  Z  O  O  O  R  L  B  J  D  E  T  O  V  M  A  D  A  O
I  U  N  D  K  M  B  I  W  E  P  R  F  E  G  N  E  Q  D
T  I  W  G  Z  I  L  C  H  K  P  O  T  C  Y  M  G  C  Y
```

X W R C X Y P E N E D N I W R E B E U
X S C H L E C H T H C I D P L R L N D
P Q G O X C V G Z Y N D G F E E F T I
W A Z N K W Y R E E Z U N R H M U Y S
R U X K J S D W H M E B M E E M E O K
M F N K Y I U M D B E F N S S I R H U
Y U Z D O G E E E L Y I S O B U I K T
H M Q V E N O R N Z T I N F O N A W I
P M J O X R G U K G N C N S D K D T E
S I C H S I V L T M U S N E A Y A C R
X O S Z N I B O I W I S R Q J M Y C E
E I F T L Y Z E L F V N J H F I P X N
N B N X C O H T D L I I H A D D K K T
Y E A U F E T E D S E I G U A R O E Z
A G F B G E O S S D Q Z L O N X K X M
A E Q M Z P S E S L A L W G K G H H J
U G N X J A T F Y Q B E H A L T E N E
L N Q R E D N A N I E R E U F B S Y Y
A U Q N A S T S Q Z E C J V G Z U O A
T N B P S B Z A O O X I N B T E Z A E
U G N U D N I F P M E K N A D N E I H
B E T H C I S K C E U R F E V H G N P
R N J R F N I C H T W Z A R N O R K N
B U S U Z Z I A V J D X F H E M Q R C

7

IMMER FUEREINANDER DA

WUNDERVOLLE BEGEGNUNGEN

GEHEIMNISSE FUER SICH BEHALTEN

DENKT NICHT SCHLECHT UEBER EINEN

HINDERNISSE GEMEINSAM UEBERWINDEN

RUECKSICHT NEHMEN

BIN STOLZ AUF DICH

DANKEMPFINDUNG

TAUSEND DANK

DISKUTIEREN

Lösung

X	W	R	C	X	Y	P	E	N	E	D	N	I	W	R	E	B	E	U
X	S	C	H	L	E	C	H	T	H	C	I	D	P	L	R	L	N	D
P	Q	G	O	X	C	V	G	Z	Y	N	D	G	F	E	E	F	T	I
W	A	Z	N	K	W	Y	R	E	E	Z	U	N	R	H	M	U	Y	S
R	U	X	K	J	S	D	W	H	M	E	B	M	E	E	M	E	O	K
M	F	N	K	Y	I	U	M	D	B	E	F	N	S	S	I	R	H	U
Y	U	Z	D	O	G	E	E	E	L	Y	I	S	O	B	U	I	K	T
H	M	Q	V	E	N	O	R	N	Z	T	I	N	F	O	N	A	W	I
P	M	J	O	X	R	G	U	K	G	N	C	N	S	D	K	D	T	E
S	I	C	H	S	I	V	L	T	M	U	S	N	E	A	Y	A	C	R
X	O	S	Z	N	I	B	O	I	W	I	S	R	Q	J	M	Y	C	E
E	I	F	T	L	Y	Z	E	L	F	V	N	J	H	F	I	P	X	N
N	B	N	X	C	O	H	T	D	L	I	I	H	A	D	D	K	K	T
Y	E	A	U	F	E	T	E	D	S	E	I	G	U	A	R	O	E	Z
A	G	F	B	G	E	O	S	S	D	Q	Z	L	O	N	X	K	X	M
A	E	Q	M	Z	P	S	E	S	L	A	L	W	G	K	G	H	H	J
U	G	N	X	J	A	T	F	Y	Q	B	E	H	A	L	T	E	N	E
L	N	Q	R	E	D	N	A	N	I	E	R	E	U	F	B	S	Y	Y
A	U	Q	N	A	S	T	S	Q	Z	E	C	J	V	G	Z	U	O	A
T	N	B	P	S	B	Z	A	O	O	X	I	N	B	T	E	Z	A	E
U	G	N	U	D	N	I	F	P	M	E	K	N	A	D	N	E	I	H
B	E	T	H	C	I	S	K	C	E	U	R	F	E	V	H	G	N	P
R	N	J	R	F	N	I	C	H	T	W	Z	A	R	N	O	R	K	N
B	U	S	U	Z	Z	I	A	V	J	D	X	F	H	E	M	Q	R	C

U A Z S F B W W M M R N E L L A F M U S
N E J H K E U J T B H F I P T A X E B
T P V Y K P F N N E D E R S U A R S L
E R E D E N G E M E I N S I N N R G B
R G P M V F X X E A D M N P L C K H O
S M V L M T L M T X N S T X B G U K S
T D W J D I I H N P Y S Q D G H W E L
U J G T F R T D E Z A Y Y X N E E A J
E Q B O U M V N M F W A M T L E C I A
T Z H K V M U Z O M D W E L N H F F I
Z R R J W G E Z M X L G Z Q E P E F R
E E R R X H R F Q E S B Z N D F H B O
N H I Q Z G F P D L N A U I I I U Q N
D R O H C P T O M V D E L L O T C D Y
F E F P H N I E K F B O I W Q T X H W
F D E Z P O U C L O U M F Y E S E U X
X U Z U M U A I K R E A C G R Z S B X
L R K L A S S E N L I N V R B N B U N
V B H C I M T G B O Y X N M H Q Q D K
K B E Z I E H U N G J M J E P Y B O L
N Y P Z P N H V Z R J Z Q C N B S L Z
V B E D L R X F G M Z R U Q H P H I H
P U L M Q W E M A S N I E M E G J L B
M U T M A C H E R C F R L O B P M P Z

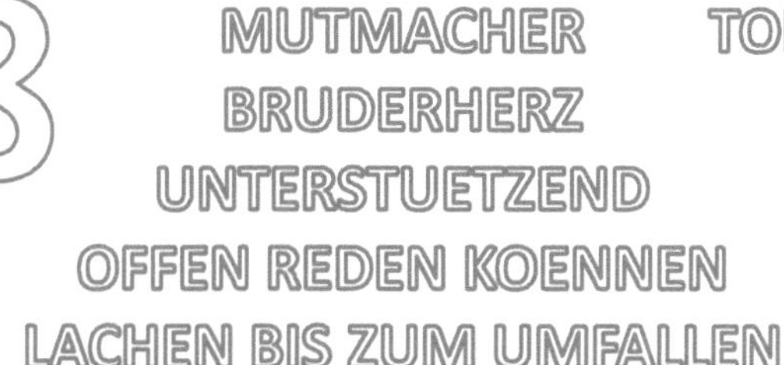

Lösung

U A Z S F B W M M R N E L L A F M U S
N E J H K E U J T B H F I P T A X E B
T P V Y K P F N N E D E R S U A R S L
E R E D E N G E M E I N S I N N R G B
R G P M V F X X E A D M N P L C K H O
S M V L M T L M T X N S T X B G U K S
T D W J D I I H N P Y S Q D G H W E L
U J G T F R T D E Z A Y Y X N E E A J
E Q B O U M V N M F W A M T L E C I A
T Z H K V M U Z O M D W E L N H F F I
Z R R J W G E Z M X L G Z Q E P E F R
E E R R X H R F Q E S B Z N D F H B O
N H I Q Z G F P D L N A U I I U Q N
D R O H C P T O M V D E L L O T C D Y
F E F P H N I E K F B O I W Q T X H W
F D E Z P O U C L O U M F Y E S E U X
X U Z U M U A I K R E A C G R Z S B X
L R K L A S S E N L I N V R B B U N
V B H C I M T G B O Y X N M H Q Q D K
K B E Z I E H U N G J M J E P Y B O L
N Y P Z P N H V Z R J Z Q C N B S L Z
V B E D L R X F G M Z R U Q H P H I H
P U L M Q W E M A S N I E M E G J L B
M U T M A C H E R C F R L O B P M P Z

I S T E I L E N O N Q P H S Q I R F Z
C C F X L G G S E B G A B V I B F A Q
O I D P M Y F Y K M E Z I T O C U Z Q
G X C J R B N W P U B R C U J R O E V
T W B H F G U W H A O U S I C H X J I
W W Y R R M D B R B R Z U H O E R E R
T A Q E Q X A M X J G N F P D H S V W
D B B C E W M K N J E G J Y W V A P Y
S E Y Z R H Z O Y O N I R Z W X J J O
U P D J Z Y E H L W Y C C B J R F T M
J K O F B V F Y R K M O R S X B F V W
V F Q S O K A W S D S C F A J F E Q W
N A R F M F H J S K Q J J O E T J S Z
K O R E U L X V W D Q S B Y J W B H
I Z I C U G B P X L V R U E A S W T X
N Z Q U B N A T Y E E K V C L N O U F
L H Q W I L D B J T M N R H M L D B Y
X L K A N M Z E U H G E E J C J A E L
U U E R T K C A P H D E D M Z I C I B
V D I R K B R P Z T L N E R U B M E F
K M U T J T B K H H I X N I G T C D E
U N E M R A M U E N P Q Q Q W U I R D
J S Z E O G K U S B C M S E G N E G L
C U V N Z O F D G K K I C N N K M W V

TREU

MUTIG

SICH UMARMEN

UEBER ALLES REDEN

BEI DIR FUEHLE ICH MICH GEBORGEN

ENGES BAND

VERTRAUTER

ZUHOERER

TEILEN

FREUND

Lösung

I	S	T	E	I	L	E	N	O	N	Q	P	H	S	Q	I	R	F	Z
C	C	F	X	L	G	G	S	E	B	G	A	B	V	I	B	F	A	Q
O	I	D	P	M	Y	F	Y	K	M	E	Z	I	T	O	C	U	Z	Q
G	X	C	J	R	B	N	W	P	U	B	R	C	U	J	R	O	E	V
T	W	B	H	F	G	U	W	H	A	O	U	S	I	C	H	X	J	I
W	W	Y	R	R	M	D	B	R	B	R	Z	U	H	O	E	R	E	R
T	A	Q	E	Q	X	A	M	X	J	G	N	F	P	D	H	S	D	W
D	B	B	C	E	W	M	K	N	J	E	G	J	Y	W	V	A	P	Y
S	E	Y	Z	R	H	Z	O	Y	O	N	I	R	Z	W	X	J	J	O
U	P	D	J	Z	Y	E	H	L	W	Y	C	C	B	J	R	F	T	M
J	K	O	F	B	V	F	Y	K	M	O	S	E	X	B	F	V	W	
V	F	Q	S	O	K	A	W	S	D	S	C	F	A	J	F	E	Q	W
N	A	R	F	M	F	H	J	S	K	Q	J	J	O	E	T	J	S	Z
K	O	R	E	U	L	X	V	W	D	Q	S	B	Y	J	W	B	H	
I	Z	I	C	U	G	B	P	X	L	V	R	U	E	A	S	W	T	X
N	Z	Q	U	B	N	A	T	Y	E	E	K	V	C	L	N	O	U	F
L	H	Q	W	I	L	D	B	J	T	M	N	R	H	M	L	D	B	Y
X	L	K	A	N	M	Z	E	U	H	G	E	E	J	C	J	A	E	L
U	U	E	R	T	K	C	A	P	H	D	E	D	M	Z	I	C	I	B
V	D	I	R	K	B	R	P	Z	T	L	N	E	R	U	B	M	E	F
K	M	U	T	J	T	B	K	H	H	I	X	N	I	G	T	C	D	E
U	N	E	M	R	A	M	U	E	N	P	Q	Q	Q	W	U	I	R	D
J	S	Z	E	O	G	K	U	S	B	C	M	S	E	G	N	E	G	L
C	U	V	N	Z	O	F	D	G	K	K	I	C	E	N	N	K	M	W	V

Y N B G W Z D Y X Z T I G L Q Q Z L A
W F E K V E G I B M U Z R C S V E D E
J R I A T N R U E F C F E P Q H F N U
L P I M E E I U S R I W N I M M T I F
O K C E N P O X T C M E O Y K Y S N G
M L R R R B M I A D N T D H E J S E N
L E Q I I S T K E S E S E C M Z P G Q
S X T T H D S Y N A U G E U K W D N B
C I M R N Y D T D L A N E Z Y N H U F
H L R L U P R C I O B E B D A I W R H
W W E K V I U G G H F A M H Z C C E W
E U D R K C K T K A U R F X W O Z N V
L G N A O X U D E N A S V H S Q S N Z
G Y A S Q G E F I D I G Z J P S H I N
E N N L Z L X G T N G Z L O A I K R A
N T I K E W P Q D N M D H J S R K E E
I E E C I L E N Z A U G E I S V H O H
X R K K N X E I R G L L G D L L N F E
M R F X F A Z O H B X H Y F S L I H O
D V W X T E Z N A V X Q T Q N M S X U
K N Z S F S Z D D C X H I H A X P G K
C Q R G J U S N F S N J A K P E A U U
G E F Z G S X Q F K B G N U L O H R E
V S M U X S F G P Z Z H B M W H D U V

10

SPASS

HAND IN HAND

VERSTAENDNIS

EINANDER AUFBAUEN

NIMMT DIR AENGSTE

IN ERINNERUNGEN SCHWELGEN

BESTAENDIGKEIT

ERHOLUNG

WIR ZWEI

NAEHE

Lösung

```
Y N B G W Z D Y X Z T I G L Q Q Z L A
W F E K V E G I B M U Z R C S V E D E
J R I A T N R U E F C F E P Q H F N U
L P I M E E I U S R I W N I M M T I F
O K C E N P O X T C M E O Y K Y S N G
M L R R R B M I A D N T D H E J S E N
L E Q I I S T K E S E S E C M Z P G Q
S X T T H D S Y N A U G E U K W D N B
C I M R N Y D T D L A N E Z Y N H U F
H L R L U P R C I O B E B D A I W R H
W W E K V I U G G H F A M H Z C C E W
E U D R K C K T K A U R F X W O Z N V
L G N A O X U D E N A S V H S Q S N Z
G Y A S Q G E F I D I G Z J P S H I N
E N N L Z L X G T N G Z L O A I K R A
N T I K E W P Q D N M D H J S R K E E
I E E C I L E N Z A U G E I S V H O H
X R K K N X E I R G L L G D L L N F E
M R F X F A Z O H B X H Y F S L I H O
D V W X T E Z N A V X Q T Q N M S X U
K N Z S F S Z D C X H I H A X P G K
C Q R G J U S N F S N J A K P E A U U
G E F Z G S X Q F K B G N U L O H R E
V S M U X S F G P Z Z H B M W H D U V
```

J	H	T	H	H	R	C	O	O	B	E	L	O	G	O	J	F	K	D
J	U	A	C	P	O	J	Z	N	H	B	O	C	R	L	D	L	P	L
G	H	L	G	B	D	V	V	Y	O	P	N	C	Q	I	S	H	E	D	G
D	O	M	F	Y	E	Z	C	A	O	Q	G	B	E	F	Q	U	G	V
X	G	N	X	H	S	I	B	H	G	A	Y	I	L	V	L	F	B	I
W	I	S	F	I	A	N	L	I	R	L	N	P	H	M	Y	C	U	B
S	C	H	E	N	K	E	N	Z	U	N	E	I	G	U	N	G	N	P
H	E	R	Z	S	T	U	E	C	K	D	N	A	Y	Z	A	R	T	B
I	F	U	E	R	E	I	N	A	N	D	E	R	N	O	V	Y	E	Z
E	H	C	S	I	T	A	M	S	I	R	A	H	C	T	E	Y	R	S
U	H	E	T	V	W	G	O	E	V	X	P	R	B	T	F	T	N	N
G	F	H	D	I	E	E	J	B	A	H	I	U	O	J	D	J	E	Q
K	F	F	C	Q	C	R	Y	U	T	Z	A	C	L	Y	Z	G	H	C
H	A	B	E	N	C	D	T	H	Y	L	L	C	U	T	E	X	M	A
H	M	U	O	P	R	Y	A	R	G	D	I	C	H	O	V	R	U	K
N	D	S	J	I	P	H	P	Y	A	Z	G	P	M	A	W	Z	N	R
K	I	N	S	V	C	S	S	A	N	U	Z	V	E	K	A	H	G	I
W	C	U	U	I	E	H	E	E	A	O	E	S	J	K	N	U	E	S
Y	H	C	G	N	C	C	P	X	M	H	Z	N	D	J	C	R	N	S
O	K	I	E	R	C	H	X	S	F	R	Y	F	H	F	V	D	E	W
Z	H	F	R	G	F	X	F	H	P	W	D	F	O	R	E	T	Q	D
E	F	G	K	N	G	V	C	T	I	M	J	C	V	G	K	C	B	Y
O	E	G	J	Z	C	Z	M	T	S	R	Q	M	D	O	D	G	R	W
H	X	O	M	Z	R	W	V	Q	U	D	T	M	N	Q	H	I	T	P

11

ZUNEIGUNG

HERZSTUECK

ICH HAB DICH LIEB

UNTERNEHMUNGEN

DA SEIN FUEREINANDER

VERTRAUEN SCHENKEN

OFFENES OHR HABEN

GLAUBT AN DICH

CHARISMATISCH

SICH MOEGEN

Lösung

```
J H T H H R C O O B E L O G O J F K D
J U A C P O J Z N H B O C R L D L P L
G H L G B D V Y O P N C Q I S H E D G
D O M F Y E Z C A O Q G B E F Q U G V
X G N X H S I B H G A Y I L V L F B I
W I S F I A N L I R L N P H M Y C U B
S C H E N K E N Z U N E I G U N G N P
H E R Z S T U E C K D N A Y Z A R T B
I F U E R E I N A N D E R N O V Y E Z
E H C S I T A M S I R A H C T E Y R S
U H E T V W G O E V X P R B T F T N N
G F H D I E E J B A H I U O J D J E Q
K F F C Q C R Y U T Z A C L Y Z G H C
H A B E N C D T H Y L L C U T E X M A
H M U O P R Y A R G D I C H O V R U K
N D S J I P H P Y A Z G P M A W Z N R
K I N S V C S S A N U Z V E K A H G I
W C U U I E H E E A O E S J K N U E S
Y H C G N C C P X M H Z N D J C R N S
O K I E R C H X S F R Y F H F V D E W
Z H F R G F X F H P W D F O R E T Q D
E F G K G N V C T I M J C V G K C B Y
O E G J Z C Z M T S R Q M D O D G R W
H X O M Z R W V Q U D T M N Q H I T P
```

T	N	W	H	D	Z	S	O	V	E	R	B	R	I	N	G	E	N	N
I	L	Q	R	N	E	H	R	Y	Z	M	U	M	T	H	T	C	E	T
E	E	I	I	I	I	K	B	W	C	U	A	T	E	U	A	L	V	C
K	M	S	X	E	G	Z	D	E	G	G	L	U	F	B	J	M	D	M
H	J	S	O	N	E	P	Y	H	J	N	W	P	Z	E	C	I	L	M
C	R	E	A	L	N	S	H	E	O	U	M	V	H	T	I	X	K	A
I	R	W	R	X	H	X	Z	L	S	R	E	O	D	P	I	G	V	K
L	A	A	U	G	S	L	R	T	I	E	H	D	N	I	K	D	J	N
T	L	R	B	I	E	J	Z	M	A	H	T	P	A	O	N	E	Y	E
E	I	K	E	L	K	B	V	F	L	C	L	Q	M	D	J	D	M	U
U	E	V	Z	D	H	E	E	V	Y	I	V	A	N	S	R	A	R	T
M	G	U	Y	L	C	A	P	N	U	E	M	R	U	E	S	X	O	S
E	S	X	V	A	M	T	Z	S	H	R	J	W	F	N	Z	Q	S	B
G	T	C	P	H	O	E	N	E	D	E	D	S	I	D	X	R	N	J
T	O	E	P	Z	W	J	K	L	B	B	I	E	Y	T	T	J	E	B
Q	V	N	E	G	S	N	T	X	G	N	M	T	T	Z	H	X	Z	H
R	D	I	T	E	E	Z	Z	W	H	E	U	K	W	Q	C	O	N	D
H	T	E	P	R	F	M	A	H	G	Z	E	K	K	O	A	U	W	B
D	R	I	I	C	N	L	E	S	H	P	B	B	W	T	M	N	Y	T
F	Z	U	H	Q	B	S	W	I	S	U	T	D	K	Y	E	I	C	K
O	O	D	B	O	J	O	R	E	M	G	K	G	M	A	G	T	E	G
C	E	Z	N	N	I	X	R	U	Z	S	G	Z	V	G	N	A	X	E
D	T	R	A	A	X	B	S	O	T	W	A	U	Y	B	S	E	G	L
Q	K	F	M	Q	G	A	T	R	I	F	U	M	T	X	X	T	M	N

12

- ERGEBENHEIT
- UNBEZAHLBAR
- RESPEKT ZEIGEN
- GEMEINSAME KINDHEIT
- LIEGST MIR AM HERZEN
- GEMEIMSAM ZEIT VERBRINGEN
- EINE BEREICHERUNG
- GEMUETLICHKEIT
- GUT GEMACHT
- UNITAET

Lösung

```
T N W H D Z S O V E R B R I N G E N N
I L Q R N E H R Y Z M U M T H T C E T
E E I I I K B W C U A T E U A L V C
K M S X E G Z D E G G L U F B J M V M
H J S O N E P Y H J N W P Z E C I L M
C R E A L N S H E O U M V H T I X K A
I R W R X H X Z L S R E O D P I G V K
L A A U G S L R T I E H D N I K D J N
T L R B I E J Z M A H T P A O N E Y E
E I K E L K B V F L C L Q M D J D M U
U E V Z D H E E V Y I V A N S R A R T
M G U Y L C A P N U E M R U E S X O S
E S X V A M T Z S H R J W F N Z Q S B
G T C P H O E N E D E D S I D X R N J
T O E P Z W J K L B B I E Y T T J E B
Q V N E G S N T X G N M T T Z H X Z H
R D I T E E Z Z W H E U K W Q C O N D
H T E P R F M A H G Z E K K O A U W B
D R I I C N L E S H P B B W T M N Y T
F Z U H Q B S W I S U T D K Y E I C K
O O D B O J O R E M G K G M A G T E G
C E Z N N I X R U Z S G Z V G N A X E
D T R A A X B S O T W A U Y B S E G L
Q K F M Q G A T R I F U M T X X T M N
```

G E M E I N S C H A F T S C J C T N F
H D H A A G O Z X G J P I H P V M B O
S F Q A B L W X C O U W Y R G E A P L
H D J G X V S J H W W S B I T T S E W
V A X D A M G H E O A I A D R E N M S
C N R G Q R I T R J X C F T I M I O T
M D Z A M W T E Z H C O K W A O E C U
Z K I D R Z S I E E E V Z Q H T M L E
S S E I N B U L N N N Z V V D S E O T
A B H N H G L H S E U F V J Z N G N Z
Y T D M A W R A A A D N T N I E W O E
M B E C J S E B N L R E K N R H V I B
A Z Z N T X U E G P Z R T C S D X T L
O Q S A I N E N E P W E D L H F E A Q
C K R I H E T G L M O O S D Q N W R K
Z K Z D X P N P E W Y H V V H V U I N
E N M A C H E N G P O U O V A U X P G
K E Z M E T B S E R Y Z R F U K F S Y
G S H K I C A D N X V U B E A F L N K
H S V Y B U D N H U L Q I I S Q O I T
C A N O T Q E X E G W V L G P A P M B
F L X C Y C M M I H D T D S I V H A Q
R E D N A N I E T B Q Q A O Z E O C T
V B Y S L D P D L F I M R B O G I C D

13

VORBILD
WEINT MIT DIR
ABENTEUERLUSTIG
TEILHABEN LASSEN
EINANDER EINE STUETZE SEIN

GEMEINSAM PLAENE MACHEN
HERZENSANGELEGENHEIT
STARKE GEMEINSCHAFT
INSPIRATION
ZUHOEREN

Lösung

```
G E M E I N S C H A F T S C J C T N F
H D H A A G O Z X G J P I H P V M B O
S F Q A B L W X C O U W Y R G E A P L
H D J G X V S J H W W S B I T T S E W
V A X D A M G H E O A I A D R E N M S
C N R G Q R I T R J X C F T I M I O T
M D Z A M W T E Z H C O K W A O E C U
Z K I D R Z S I E E V Z Q H T M L E T
S S E I N B U L N N W V D S E O T Z
A B H N H G L H S E U F V J Z N G N Z
Y T D M A W R A A D N T N I E W O E
M B E C J S E B N L R E K N R H V I B
A Z Z N T X U E G P Z R T C S D X T L
O Q S A I N E P W E D L H F E A R Q
C K R I H E T G L M O O S D Q N W R K
Z K Z D X P N P E W Y H V H V U I N
E N M A C H E N G P O U Z O V A U X P G
K E Z M E T B S E R Y Z R F U K F S Y
G S H K I C A D N X V U B E A F L N K
H S V Y B U D N H U L Q I I S Q O I T
C A N O T Q E X E G W V L G P A P M B
F L X C Y C M M I H D T D S I V H A Q
R E D N A N I E T B Q Q A O Z E O C T
V B Y S L D P D L F I M R B O G I C D
```

```
Z R Q L B R X C S J Z Q K L G G M X C
J E N E R E D N A L M Y A A L P U X U
U Q I W D E A C I W R U U M D N P B F
U X X T D F B E N P W N U N E C I V N
N G E H E N B O H G Q Q E M N H K C F
Q K B A R E H V V M H B M L J Q J H G
R Z R E X F L J D H E A Z F A P W I R
S T L N O N I K W G S P L B P C E H M
I C W I B X M O T U F A K S O S H W P
C D F E T T W A Z N Z W A N R P U D E L
H S Z L T S R L S V U I Y E A O I U N
B X C L O I A C A E T L P M Z L J S R
K C B A M C X S O R Y K F M I J V K J
Q W S T H O J K U T S Q R I L A C V U
X Z P E H N Y F R E D E N H X W Q I M
H M N V J G A H V I F R J J Z W H G T
M O X N G S T O Q D M A S N I E M E G
S U N D S T O C E I Z A X O U K W T A
M G K S N U S N N G G M K L R Z H I I
D N C X E E O K C E D D W O O J R D Q
V I L B H T W E I N E N I U R V E R S
S E C E M Z F C L A Q C J C N S U M K
G A G U E E U K N D S Q F M H G F A P
P W W Z N N D A I N I P J M M T N P P
```

Lösung

Z R Q L B R X C S J Z Q K L G G M X C
J E N E R E D N A L M Y A A L P U X U
U Q I W D E A C I W R U U M D N P B F
U X X T D F B E N P W N U N E C I V N
N G E H E N B O H G Q Q E M N H K C F
Q K B A R E H V M H B M L J Q J H G
R Z R E X F L J D H E A Z F A P W I R
S T L N O N I K W G S P L B P C E H M
I C W I B X M O T U F A K S O S H W P
C D F E T T W A Z N W A N R P U D E L
H S Z L T S R L S V U I Y E A O I U N
B X C L O I A C A E T L P M Z L J S R
K C B A M C X S O R Y K F M I J V K J
Q W S T H O J K U T S Q R I L A C V U
X Z P E H N Y F R E D E N H X W Q I M
H M N V J G A H V I F R J J Z W H G T
M O X N G S T O Q D M A S N I E M E G
S U N D S T O C E I Z A X O U K W T A
M G K S N U S N N G G M K L R Z H I I
D N C X E E O K C E D D W O O J R D Q
V I L B H T W E I N E N I U R V E R S
S E C E M Z F C L A Q C J C N S U M K
G A G U E E U K N D S Q F M H G F A P
P W W Z N N D A I N I P J M M T N P P

E	O	H	E	R	N	F	V	N	B	K	F	N	O	F	W	X	F	K
W	H	H	Q	U	Z	R	P	V	F	R	S	J	J	J	R	W	C	Q	C
D	D	R	D	Q	R	W	R	S	X	V	I	R	P	Z	P	Z	Z	I
H	Z	F	L	N	D	Z	E	J	Z	A	B	D	M	L	L	A	N	L
U	T	W	V	I	T	L	C	D	G	V	W	J	R	I	F	Z	K	B
T	P	I	A	Y	C	Q	Z	M	U	I	E	Z	T	E	W	A	E	T
R	P	V	E	L	Y	H	H	V	Y	W	H	W	D	T	S	G	R	H
Z	U	C	Z	Z	P	I	K	L	R	J	U	Y	H	R	O	Z	H	C
S	R	B	U	O	I	X	L	E	M	H	C	L	D	E	N	J	M	I
T	Z	K	S	H	V	E	Q	I	I	M	J	G	I	T	A	E	K	L
Y	H	C	A	V	D	V	R	F	W	T	K	G	D	S	W	V	K	L
N	S	Z	M	P	H	J	I	F	J	Z	K	P	U	I	J	A	T	F
Q	A	R	M	T	V	Y	N	R	Y	T	G	I	Z	W	Z	H	I	O
P	Y	M	E	N	B	W	Z	K	B	T	V	P	C	H	Y	M	E	U
G	L	D	N	I	C	B	X	X	D	U	D	T	Q	C	I	E	H	B
Q	F	Q	H	F	F	M	J	G	Y	Z	W	C	W	S	Q	B	N	C
P	F	E	A	H	B	L	C	Q	Z	Z	F	U	R	E	C	G	I	C
H	Z	A	L	T	B	W	Z	G	G	E	X	N	E	G	P	Q	E	N
Q	D	D	T	W	J	I	U	Y	Z	M	A	W	T	C	G	N	V	L
T	A	V	E	Z	Y	B	Y	P	L	R	E	E	A	G	G	W	G	V
P	V	N	N	C	D	H	D	L	Q	E	G	O	R	D	R	K	Q	C
L	P	O	Q	M	Z	Y	U	A	J	A	I	B	E	O	E	M	M	S
H	U	L	V	K	Q	Q	Z	Y	N	W	Y	X	B	N	S	B	A	T
E	X	B	V	W	O	U	K	F	M	K	L	N	V	I	Z	Y	U	A

15

DANK

WAERME

BERATER

EINHEIT

PAKT

GESCHWISTERTEIL

ZUSAMMENHALTEN

EHRLICHKEIT

LICHTBLICK

FREIZEIT

Lösung

```
E O H E R N F V N B K F N O F W X F K
W H H Q U Z R P V F R S J J R W C Q C
D D R D Q R W R S X V I R P Z P Z Z I
H Z F L N D Z E J Z A B D M L L A N L
U T W V I T L C D G V W J R I F Z K B
T P I A Y C Q Z M U I E Z T E W A E T
R P V E L Y H H V Y H W D T S G R H
Z U C Z Z P I K L R J U Y H R O Z H C
S R B U O I X L E M H C L D E N J M I
T Z K S H V E Q I I M J G I T A E K L
Y H C A V D V R F W T K G D S W V K L
N S Z M P H J I F J Z K P U I J A T F
Q A R M T V Y N R Y T G I Z W Z H I O
P Y M E N B W Z K B T V P C H Y M E U
G L D N I C B X X D U D T Q C I E H B
Q F Q H F F M J G Y Z W C W S Q B N C
P F E A H B L C Q Z Z F U R E C G I C
H Z A L T B W Z G G E X N E G P Q E N
Q D D T W J I U Y Z M A W T C G N V L
T A V E Z Y B Y P L R E E A G G W G V
P V N N C D H D L Q E G O R D R K Q C
L P O Q M Z Y U A J A I B E O E M M S
H U L V K Q Q Z Y N W Y X B N S B A T
E X B V W O U K F M K L N V I Z Y U A
```

Q L F D A J P Q U S Z H M Z O S A D Q
P H X T P P C B M D X O X Z E D E F X
Y Z M L W G E B N W N D W D H T L S N
W A N E R K E N N U N G H M N N U G U
S K Q B F N L E Z R U W O E S E J P S
R B N E H E T S R E V E M V W R D N Y
O C X G U A S Q W N G I T O R E U N O
Y M C Z O H R A W E L H R Z E I B D H
T N E K C A M P N P C T R L O T K V H
E E P B F L L D M A E S K O T K A H D
P M H L L T K O R T B L T K M E B H Q
G M I B B E K T G E C P Z X J P O L R
E A X F G N N S A C G V C T J S A R H
A S L D E I U J E U D I E D F E N E H
V U O Q E A W W A I C A Y W P R D D D
B Z H M F B I N S K N H N R A I E N K
E T N E M O M S K C E U L G O H R A K
Q X N M K G S K T B D N O S T N E N J
T I E H N E D N U B R E V T E N N I L
Y H H K U R B D V Y H I Y F C S T E Q
M D C O T Z J V E T J Z D Z H I V R S
K O A T H J H Z S K K O W N T C T E H
U R M M I N P F V L U P W Q E H E U U
N E I M T T E Z I F Y Z K T A B G F Z

16

FUEREINANDER DA SEIN

ECHTE KOMPLIMENTE MACHEN

WURZELN HALTEN UNS ZUSAMMEN

DIE MACKEN DES ANDEREN MOEGEN

SICH AUCH OHNE WORTE VERSTEHEN

GLUECKSMOMENTE

VERBUNDENHEIT

RESPEKTIEREN

ANERKENNUNG

EINTRACHT

Lösung

```
Q L F D A J P Q U S Z H M Z O S A D Q
P H X T P P C B M D X O X Z E D E F X
Y Z M L W G E B N W N D W D H T L S N
W A N E R K E N N U N G H M N N U G U
S K Q B F N L E Z R U W O E S E J P S
R B N E H E T S R E V E M V W R D N Y
O C X G U A S Q W N G I T O R E U N O
Y M C Z O H R A W E L H R Z E I B D H
T N E K C A M P N P C T R L O T K V H
E E P B F L L D M A E S K O T K A H D
P M H L L T K O R T B L T K M E B H Q
G M I B B E K T G E C P Z X J P O L R
E A X F G N N S A C G V C T J S A R H
A S L D E I U J E U D I E D F E N E H
V U O Q E A W W A I C A Y W P R D N D
B Z H M F B I N S K N H N R A I E N K
E T N E M O M S K C E U L G O H R A K
Q X N M K G S K T B D N O S T N E N J
T I E H N E D N U B R E V T E N N I L
Y H H K U R B D V Y H I Y F C S T E Q
M D C O T Z J V E T J Z D Z H I V R S
K O A T H J H Z S K K O W N T C T E H
U R M M I N P F V L U P W Q E H E U U
N E I M T T E Z I F Y Z K T A B G F Z
```

X R M D U C P G R O S S A R T I G X V
S R U S T A R K E N C L G F K V Z E B
Y U Q O H A L J B F C N I N H S R C Q
N X D T E Z N R J O Z E G S P T X V P
P J G Z O C U J O L B S B E R S R I M
B L Q C J A A D G D N U N A Y T L Z M
S G T T X U N C C I A D U S A H U Z F
T N H M D R D V Z M E T S G B U H L I
S T C T L T E E V N H V F I V R J Z T
O T I D K F R Y P E R C S G S W K E C
R O N R N E E W I J A T L T Q K D V Z
T K A K Q H N T T S C B N C G U J L T
D U S M H X W N P J D E R J D R A V A
S A S N W B E S C H U E T Z E N U T L
U R N I L U H X W A P S R X W N S S P
N Z N K F E D C R T G E T F N H L O R
U E F E B K F T S E M M U I N K Y R E
D M E R X A R S S I H A E S Y K J T K
A U H D K E R I C N D S N K B D W R N
M D O P V R B K K C B I W W D E B L A
W H L L B E S T E G F R E O U E L X C
N W S V I Z U S P R U C H N O U B S J
I W T Q N O Y F E D A S B L G X T H G
H N L W F C A L J V X V S D R X L X H

17

VERTRAUEN

STARKE VERTRAUTHEIT

TROST SPENDEN

DU BIST GROSSARTIG

TROST UND ZUSPRUCH

BESCHUETZEN

DU HOLST DAS BESTE AUS MIR RAUS

ANKERPLATZ

NICHT AUF DEN ANDEREN NEIDISCH SEIN

DANKBAR

Lösung

X R M D U C P G R O S S A R T I G X V
S R U S T A R K E N C L G F K V Z E B
Y U Q O H A L J B F C N I N H S R C Q
N X D T E Z N R J O Z E G S P T X V P
P J G Z O C U J O L B S B E R S R I M
B L Q C J A A D G D N U N A Y T L Z M
S G T T X U N C C I A D U S A H U Z F
T N H M D R D V Z M E T S G B U H L I
S T C T L E E V N H V F I V R J Z T
O T I D K F R Y P E R C S G S W K E C
R O N R N E E W I J A T L T Q K D V Z
T K A K Q H N T T S C B N C G U J L T
D U S M H X W N P J D E R J D R A V A
S A S N W B E S C H U E T Z E N U T L
U R N I L U H X W A P S R X W N S S P
N Z N K F E D C R T G E T F N H L O R
U E F E B K F T S E M M U I N K Y R E
D M E R X A R S S I H A E S Y K J T K
A U H D K E R I C N D S N K B D W R N
M D O P V R B K K C B I W W D E B L A
W H L L B E S T E G F R E O U E L X C
N W S V I Z U S P R U C H N O U B S J
I W T Q N O Y F E D A S B L G X T H G
H N L W F C A L J V X V S D R X L X H

G G F P B L S T R E I T E N L B M Z R
Y R U E R V A L H B I T K N E D J W N
C P W L I N E M A S N I E M E G U Y S
C Z K P R E T P B S E T T Q P N M I K
S P D S F I R R S Q X T A H D V C Y E
E G K C E Q L N G V E R Z E I H E N Z
C Z S Z O M V C I E W M R Y A F I P C
M X J T M O M E N T D V S W A L U S S
W Z P G H J D W L O O U Z F D I L E A
I Z A N J C Z M A L J K L E Y X P L R
W T N U F D I Z L U A A W D D K U N F
B V B Z Z X U D A S U D J U I N V E M
Z H R T N A C H S I C H T I G G U S A
G W Q E C K Q N L V W H T O R O I S H
R J X U I G Z U S A M M E N K M F A S
P X W T T N Z D J U T K N E Z W J L W
R T K S S B M E U Z U J D E N N I R P
E D M R I T R Q N W H R V H L S O E Q
M M C E Q W B I W T O L L B K B M V J
M V Z T L A I A T K O E N N E N A L A
I F O N U R U O N V N W N B S S N B Y W
F D M U M C U Z A U F E I N A N D E R
H F I N E Z T E A H C S J A X A G V R
Y A T D Y V X N B V V T N A G Q S R T

Lösung

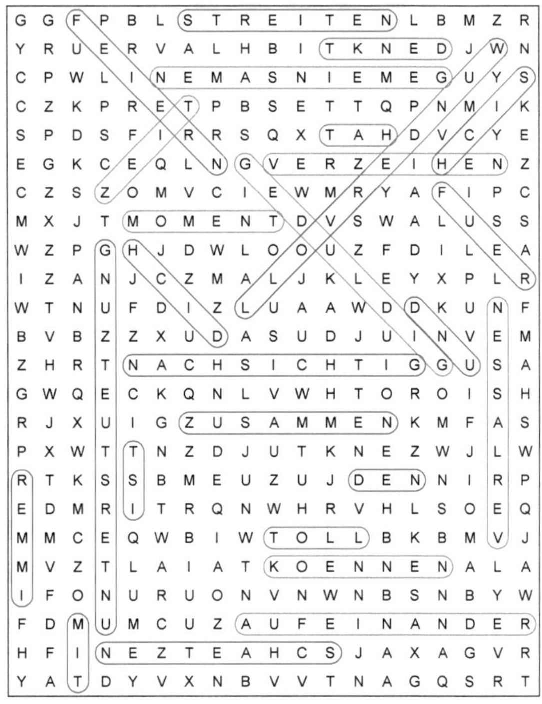

Weitere Wortsuchrätsel Sammelbände von Brian Gagg:
WORTSUCHRÄTSEL 4 in 1 SAMMELBAND 70iger, 80iger und 90iger Jahre
WORTSUCHRÄTSEL 2 in 1 SAMMELBAND 1. und 2. WELTKRIEG
WORTSUCHRÄTSEL 3 in 1 SAMMELBAND TENNIS, SQUASH und GOLF
WORTSUCHRÄTSEL 3 in 1 SAMMELBAND TISCHTENNIS, BADMINTON und MINIGOLF
WORTSUCHRÄTSEL 3 in 1 SAMMELBAND EISHOCKEY, FELDHOCKEY und SKISPORT
WORTSUCHRÄTSEL 3 in 1 SAMMELBAND FUßBALL, HANDBALL und BASKETBALL
WORTSUCHRÄTSEL 3 in 1 SAMMELBAND VOLLEYBALL, BOWLING und SCHWIMMSPORT
WORTSUCHRÄTSEL 3 in 1 SAMMELBAND REITSPORT, RADSPORT und SCHACH
WORTSUCHRÄTSEL 4 in 1 SAMMELBAND ANGELN, POKERN, FALLSCHIRMSPRINGEN und SKAT
WORTSUCHRÄTSEL 2 in 1 SAMMELBAND MUTTER und VATER
WORTSUCHRÄTSEL 2 in 1 SAMMELBAND OMA und OPA
WORTSUCHRÄTSEL 2 in 1 SAMMELBAND SCHWESTER und BRUDER
WORTSUCHRÄTSEL 3 in 1 SAMMELBAND BLUMEN, GARTEN und GRILLEN
WORTSUCHRÄTSEL 2 in 1 SAMMELBAND HUNDE und KATZEN
WORTSUCHRÄTSEL 3 in 1 SAMMELBAND SOMMER, HERBST und HALLOWEEN
WORTSUCHRÄTSEL 3 in 1 SAMMELBAND WINTER, WEIHNACHTEN und BIBELVERSE
WORTSUCHRÄTSEL 3 in 1 SAMMELBAND FRÜHLING, OSTERN und GEBURTSTAG
WORTSUCHRÄTSEL 3 in 1 SAMMELBAND BERLIN, MALLORCA und URLAUB
WORTSUCHRÄTSEL 3 in 1 SAMMELBAND UFO, SCIENCE FICTION und HORROR
WORTSUCHRÄTSEL 3 in 1 SAMMELBAND LEHRER, SCHULE und SPORTARTEN
WORTSUCHRÄTSEL 3 in 1 SAMMELBAND KRANKENPFLEGE, GLÜCK und BIBELVERSE
WORTSUCHRÄTSEL 3 in 1 SAMMELBAND KRIMINALITÄT, AUTOMARKEN und LUSTIGE SCHIMPFWORTE
WORTSUCHRÄTSEL 3 in 1 SAMMELBAND FREUNDSCHAFT, GLÜCK und LIEBESZITATE
WORTSUCHRÄTSEL 7 in 1 SAMMELBAND FRÜHLING, OSTERN, SOMMER, HERBST, HALLOWEEN, WINTER und WEIHNACHTEN
WORTSUCHRÄTSEL 6 in 1 SAMMELBAND TENNIS, TISCHTENNIS, GOLF, BADMINTON, SQUASH und MINIGOLF
WORTSUCHRÄTSEL 6 in 1 SAMMELBAND FUßBALL, FELDHOCKEY, EISHOCKEY, HANDBALL, BASKETBALL, SKISPORT
WORTSUCHRÄTSEL 6 in 1 SAMMELBAND VOLLEYBALL, RADSPORT, SCHWIMMEN, SCHACH, BOWLING und REITSPORT
WORTSUCHRÄTSEL 6 in 1 SAMMELBAND MUTTER, VATER, OMA, OPA, BRUDER und SCHWESTER
WORTSUCHRÄTSEL 4 in 1 SAMMELBAND BLUMEN, GARTEN, GRILLEN und SOMMER
WORTSUCHRÄTSEL 5 in 1 SAMMELBAND UFO, SCIENCE FICTION, HORROR, KRIMINALITÄT und HALLOWEEN
WORTSUCHRÄTSEL 6 in 1 SAMMELBAND BERLIN, MALLORCA, URLAUB, FREUNDSCHAFT, GLÜCK und LIEBESZITATE
WORTSUCHRÄTSEL 6 in 1 SAMMELBAND LEHRER, SCHULE, SPORTARTEN, GLÜCK, KRANKENPFLEGE und BIBELVERSE
Alle Themen auch als Einzelbücher verfügbar